Les instruments de
musique

Cadre de tambourin avec sonnailles

Triangle

Kantele finlandais du XIXe siècle

Flûte traversière indienne

Flûte traversière anglaise à quatre clefs, vers 1811

Luth marocain avec son plectre en plume

Ocarina allemand du XIXe siècle

Pochette allemande du XVIIe siècle, sans son chevalet

Tambour en peau

Sihu chinois et son archet du XIXe siècle

Les instruments de **musique**

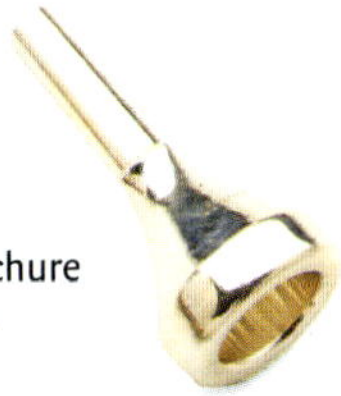
Embouchure de tuba

Embouchures de cornet et de trompette

par

Neil Ardley

Photographies originales de Phillip Dowell, Mike Dunning et Dave King

Sifflet portugais en céramique

Shakuhachi japonaise (flûte nasale)

Maracas en bois

Tambour sur cadre indien d'Amérique du Nord

Pochette anglaise

Cor du Congo en ivoire

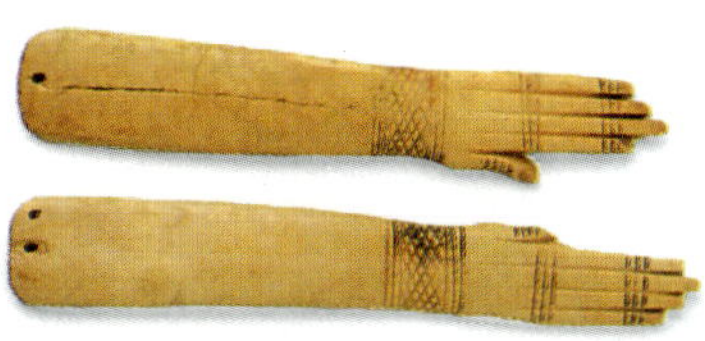
Claquettes égyptiennes en ivoire, vers 1430 av. J.-C.

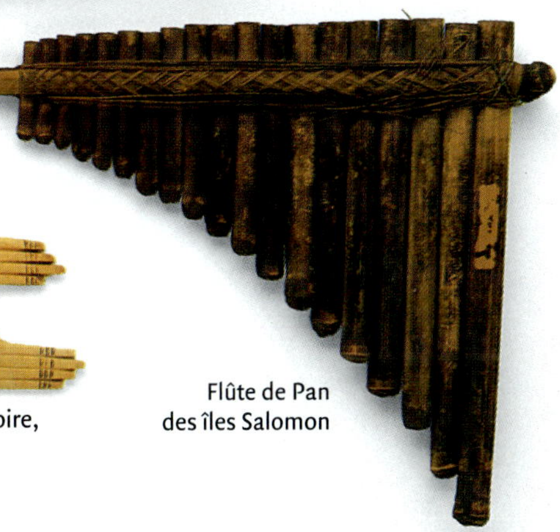
Flûte de Pan des îles Salomon

LES YEUX DE LA DÉCOUVERTE
GALLIMARD JEUNESSE

Cor de poste du XIXe siècle

Anches doubles

« Violon » de la mer Noire, en provenance de Géorgie, vers 1865

Zummara bédouine (« clarinette » double) d'Arabie saoudite

COMMENT ACCÉDER AU SITE INTERNET DU LIVRE

1 - SE CONNECTER
Tapez l'adresse du site dans votre navigateur puis laissez-vous guider jusqu'au livre qui vous intéresse :
http://www.decouvertes-gallimard-jeunesse.fr/9+

2 - CHOISIR UN MOT CLÉ DANS LE LIVRE ET LE SAISIR SUR LE SITE
Vous ne pouvez utiliser que les mots clés du livre (inscrits dans les puces grises) pour faire une recherche.

3 - CLIQUER SUR LE LIEN CHOISI
Pour chaque mot clé du livre, une sélection de liens Internet vous est proposée par notre site.

4 - TÉLÉCHARGER DES IMAGES
Une galerie de photos est accessible sur notre site pour ce livre. Vous pouvez y télécharger des images libres de droits pour un usage personnel et non commercial.

IMPORTANT
• Demandez toujours la permission à un adulte avant de vous connecter au réseau Internet.
• Ne donnez jamais d'informations sur vous.
• Ne donnez jamais rendez-vous à quelqu'un que vous avez rencontré sur Internet.
• Si un site vous demande de vous inscrire avec votre nom et votre adresse e-mail, demandez d'abord la permission à un adulte.
• Ne répondez jamais aux messages d'un inconnu, parlez-en à un adulte.

NOTE AUX PARENTS : Gallimard Jeunesse vérifie et met à jour régulièrement les liens sélectionnés, leur contenu peut cependant changer. Gallimard Jeunesse ne peut être tenu pour responsable que du contenu de son propre site. Nous recommandons que les enfants utilisent Internet en présence d'un adulte, ne fréquentent pas les *chats* et utilisent un ordinateur équipé d'un filtre pour éviter les sites non recommandables.

Anches simples

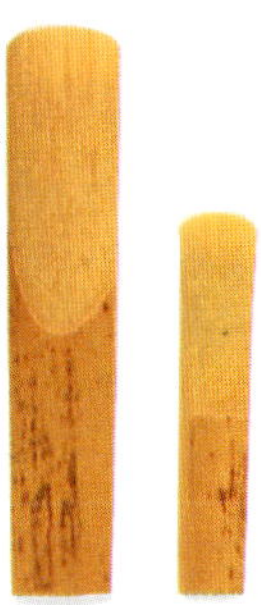

Flûte à bec soprano, début du XVIIIe siècle

Collection créée par Pierre Marchand et Peter Kindersley
ISBN 978-2-07-061377-9
La conception de cette collection est le fruit d'une collaboration entre les Éditions Gallimard et Dorling Kindersley.
Dorling Kindersley Limited, Londres 1989
Éditions Gallimard, Paris 1989-2008, pour l'édition française
Loi n° 49-956 du 16 juillet 1949 sur les publications destinées à la jeunesse

Traduction : Stéphanie Alglave - Édition : Éric Pierrat
Relecture-spécialiste : Olivier de Monès
Préparation : Christine Bolton - Mise en page : Octavo, Paris
Correction : Lorène Bücher - Flashage : IGS (16)
Premier dépôt légal : juin 2008 - Dépôt légal : octobre 2009 - N° d'édition : 170563
Imprimé en Chine par Toppan Printing Co., (Shenzen) Ltd

SOMMAIRE

Castagnettes

Flageolet, début du XVIIIe siècle

Les sons ne sont rien d'autre que des vibrations de l'air

Lorsqu'on voit comment on joue des instruments de musique, on imagine comment ils produisent un son et pourquoi le son produit diffère d'un instrument à l'autre. Battre le tambour ne donne pas le même résultat que pincer la corde d'une guitare. Mais il n'est pas nécessaire de voir l'instrument pour le reconnaître. Qu'est-ce qui explique, dans la façon dont les sons émis sont transmis à notre oreille, que nous puissions distinguer le cor du violon ? Le son trouve toujours sa source dans la mise en vibration rapide d'une partie mobile et/ou d'un volume d'air. Ces vibrations provoquent, dans l'air environnant, des variations de pression de même cadence. La courbe selon laquelle on peut les représenter prend la forme d'une ondulation plus ou moins complexe et accidentée. La forme de cette « onde sonore » est la « signature » de l'instrument puisqu'elle est caractéristique du son qu'il produit. Les variations de pression que « transporte » l'onde sonore sont perçues par nos tympans qui les transmettent à des centres nerveux capables de les interpréter et d'en reconnaître les formes.

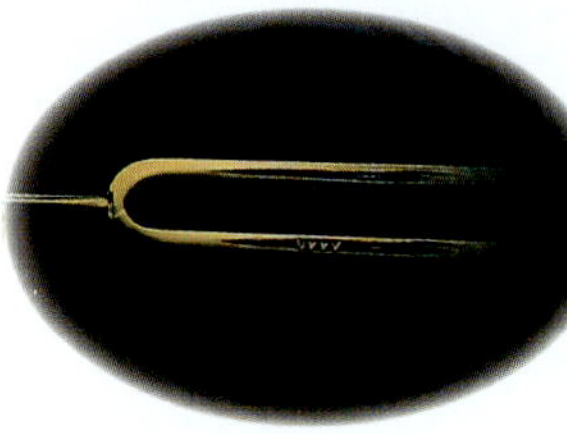

Le diapason
Les deux branches de ce diapason vibrent très régulièrement et émettent un son très pur, représenté graphiquement par une ligne courbe régulière. Sa hauteur de son est donnée par la fréquence avec laquelle se reproduisent les crêtes de cette courbe. Plus les vibrations sont rapides, plus le son est aigu.

Le violon
Le violon émet un son brillant, représenté par une courbe en dents de scie. Le son de ce violon a la même hauteur que celui de notre diapason. En effet, les crêtes des ondes produites par les deux instruments sont espacées de la même distance ; leur fréquence est donc identique.

Son

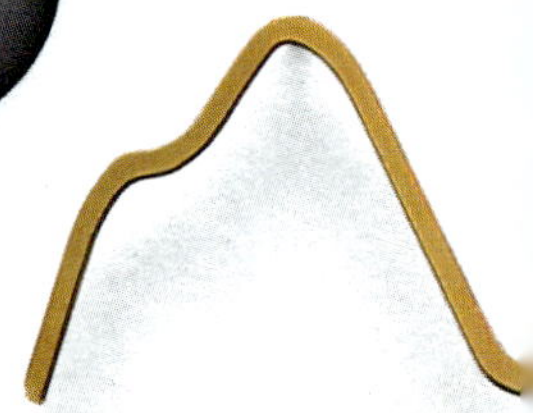

La flûte
Cette flûte joue la même note que notre diapason ou notre violon. La courbe qui en représente le son est plus ondulée qu'en zigzag, parce que la flûte produit un son plus pur, plus doux et moins brillant que le violon. Mais les crêtes de l'onde se reproduisent toujours à la même distance et donc avec la même fréquence.

Musiciens représentés à l'intérieur d'une cathédrale dans un livre d'heures flamand du Moyen Age

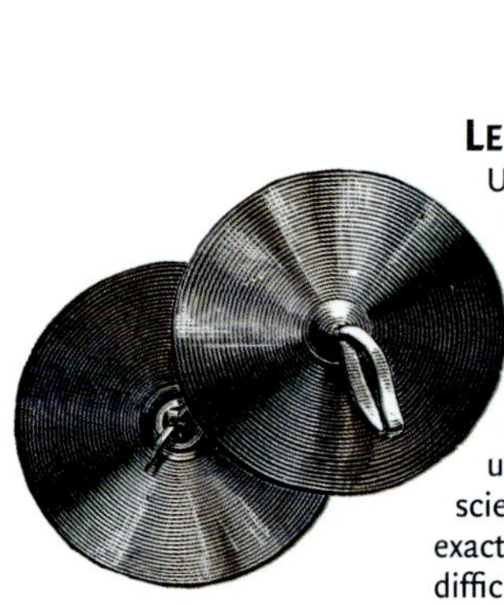

Le gong
Un gong frappé ou des cymbales entrechoquées vibrent de façon irrégulière. Leur son fracassant est représenté par une courbe en dents de scie. A l'écoute, la hauteur exacte d'un tel son est difficile à déterminer.

Ondes superposées
Quand plusieurs personnes jouent ensemble, les ondes émises par leurs instruments se superposent, et nos tympans perçoivent un son très complexe. Pourtant, notre cerveau reste capable de déterminer quels sont les instruments dont on joue.

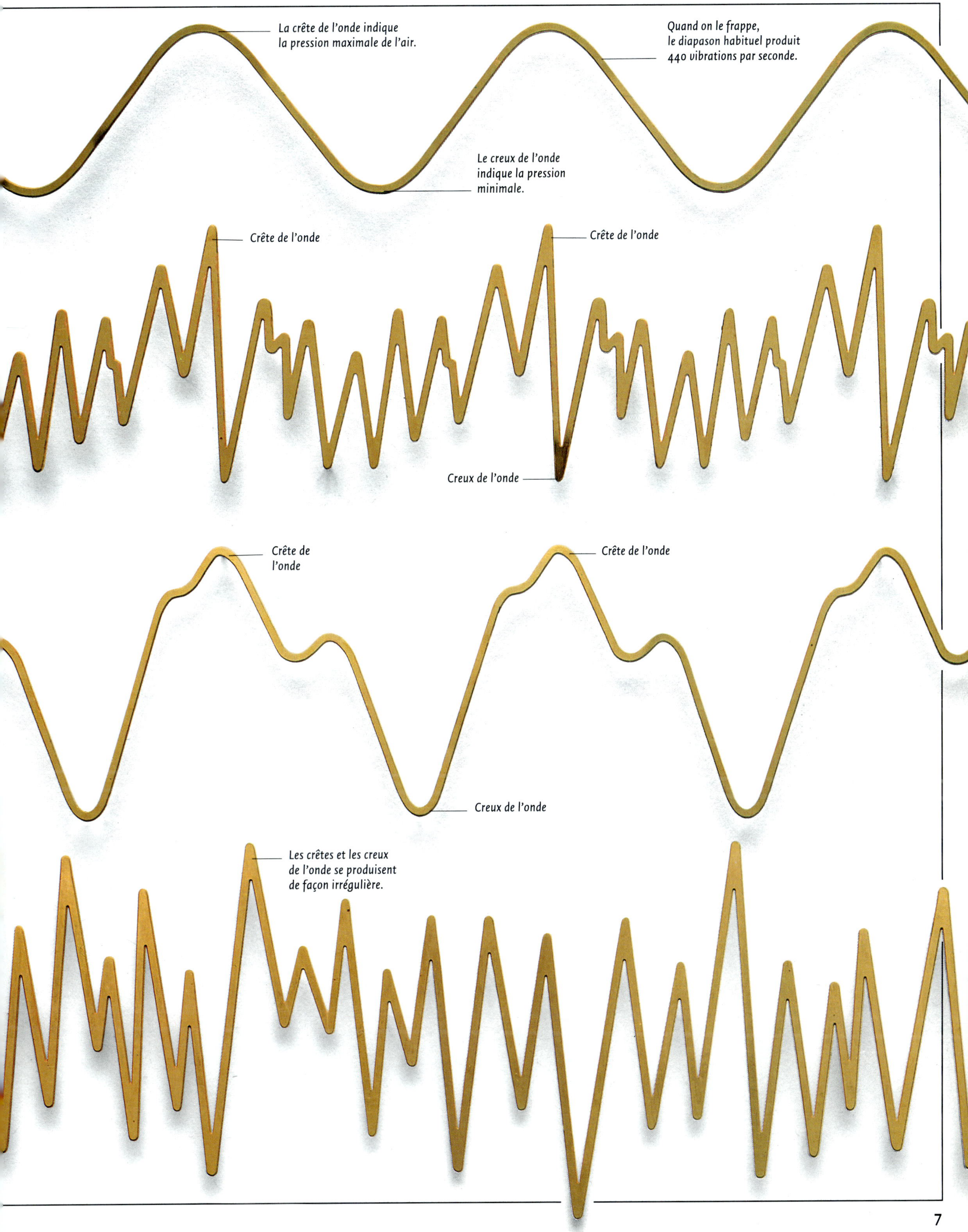
La crête de l'onde indique la pression maximale de l'air.
Quand on le frappe, le diapason habituel produit 440 vibrations par seconde.
Le creux de l'onde indique la pression minimale.
Crête de l'onde
Crête de l'onde
Creux de l'onde
Crête de l'onde
Crête de l'onde
Creux de l'onde
Les crêtes et les creux de l'onde se produisent de façon irrégulière.

QUAND LE SOUFFLE SONNE JUSTE

Le premier son qu'un débutant tire de son saxophone fait toujours penser au cri d'une vache en détresse. Et pourtant, lorsqu'ils sont bien maîtrisés, les instruments à vent offrent au musicien une prodigieuse richesse sonore. Les vents se composent de deux familles : les bois et les cuivres, comme leur nom ne l'indique plus, car certains instruments aujourd'hui métalliques étaient autrefois faits en bois, et inversement. Dans tous les cas, il s'agit de tubes creux, dont une extrémité comporte une embouchure. Le fait d'y appliquer ses lèvres d'une certaine façon et de souffler provoque la vibration de la colonne d'air continue dans le tube sur une longueur limitée, par exemple, par l'ouverture d'un trou dans la paroi ; c'est le cas de la flûte. Plus la colonne vibrante est courte, plus la note est aiguë. Dans le cas des cuivres, le principe est différent : la colonne d'air se trouve raccourcie par la division, en deux moitiés, en trois tiers, et ainsi de suite, à mesure que l'instrumentiste force son souffle dans l'embouchure. C'est pourquoi il faut tant de « coffre » pour produire de beaux aigus à la trompette.

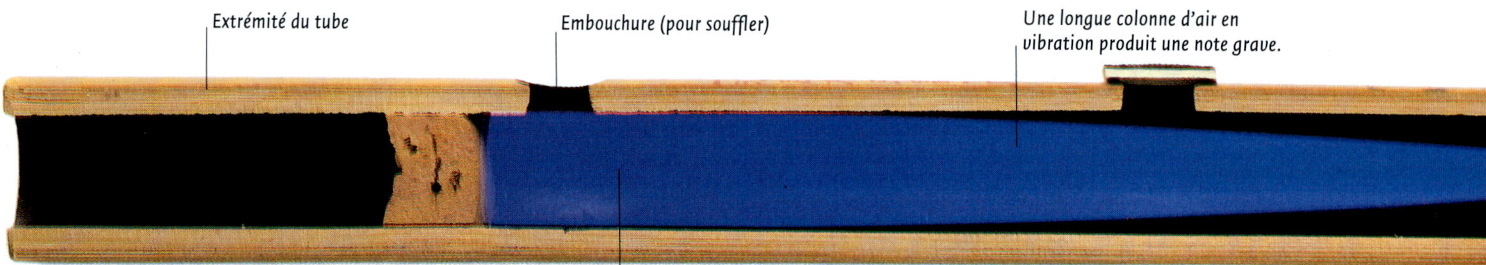

Sur ce long tuyau, tous les trous sont bouchés : la colonne d'air intérieure vibre sur toute sa longueur.

Si l'on débouche les quatre derniers trous, la colonne d'air ne vibrera que sur une longueur réduite.

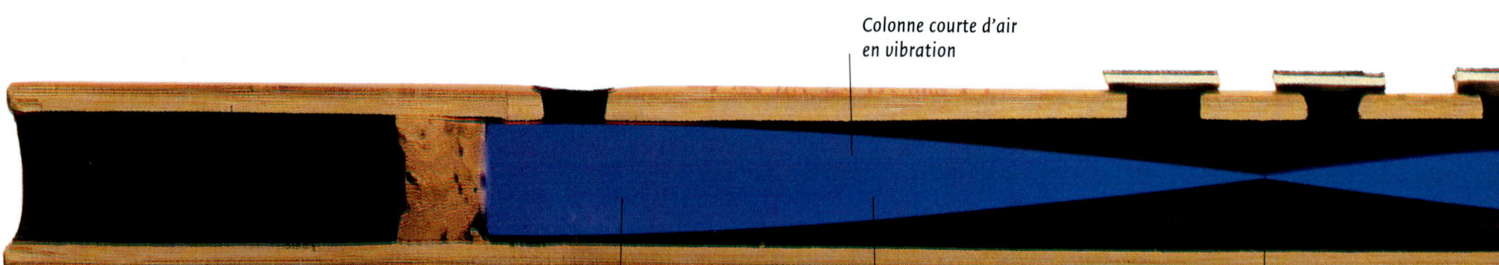

Sur ce tuyau court, tous les trous sont bouchés : la colonne d'air intérieure vibre sur toute sa longueur.

EMBOUCHURES DIVERSES

Les cuivres ont toujours une embouchure en métal sur laquelle l'instrumentiste applique ses lèvres, et jamais une anche. L'embouchure d'un cuivre peut avoir une forme en bassin ou une forme conique. De la forme de l'embouchure dépend le timbre de l'instrument. Une embouchure conique, comme celle du cor d'harmonie, produit un son profond, alors qu'une embouchure en bassin, comme celle de la trompette, donne un son plus perçant. Les bois ont soit des anches, soit des embouchures dans lesquelles ou sur lesquelles souffle l'instrumentiste.

Instrument à vent

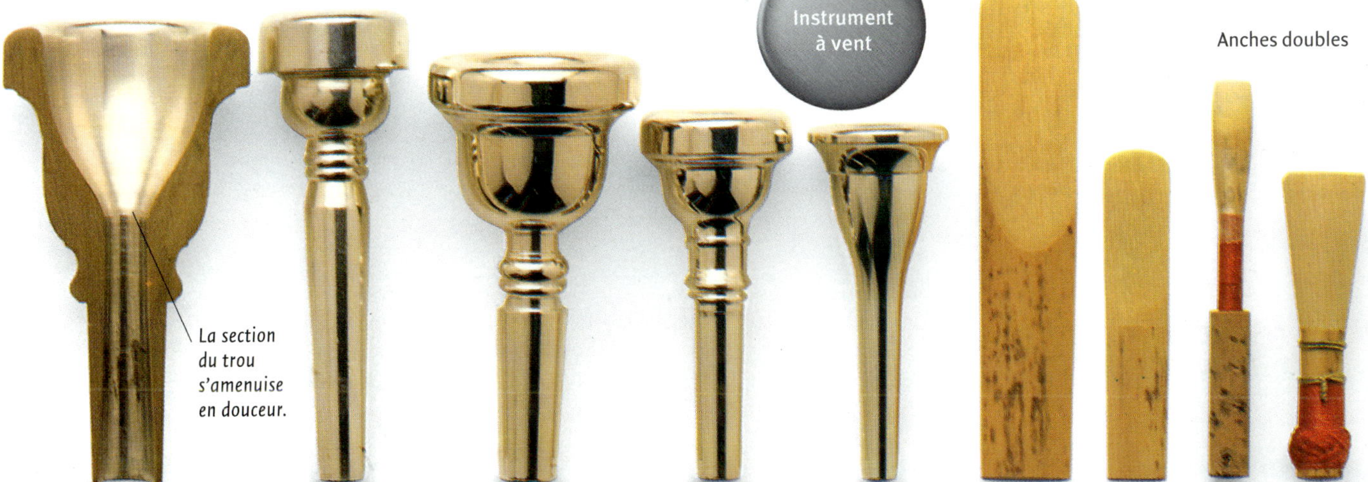

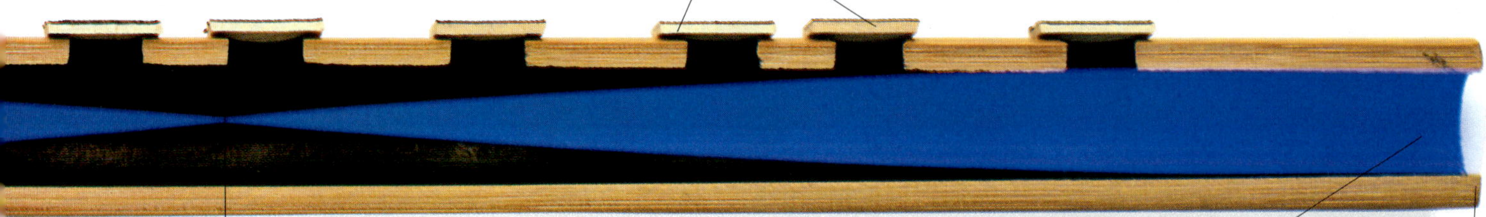

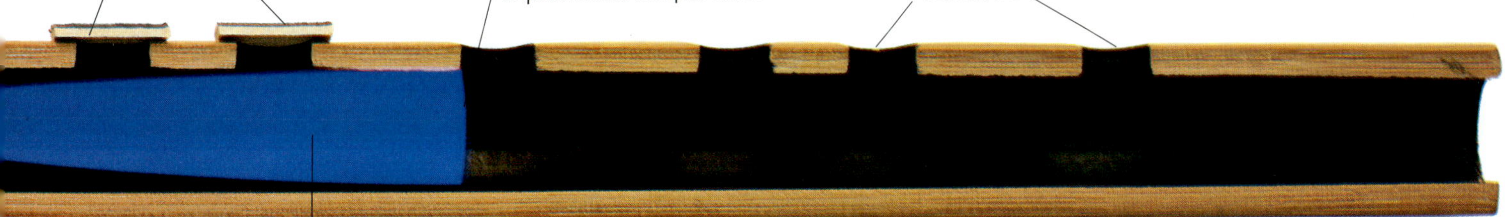

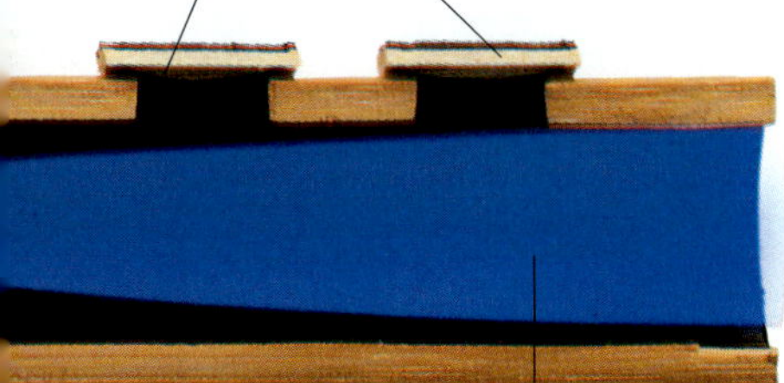

COLONNES D'AIR

Le fait de souffler dans l'embouchure met en vibration l'air situé dans les bois ou les cuivres. Les vibrations sont maximales à l'embouchure et à l'autre bout du tube. Elles s'amenuisent de plus en plus quand on se rapproche du milieu où elles sont nulles. Cet air en vibration fait également vibrer le corps de l'instrument qui transmet les ondes sonores à l'extérieur (pp. 6-7). La longueur de la colonne d'air – entre deux crêtes de vibration – donne la fréquence de la note émise. En raccourcissant la colonne d'air, on augmente la hauteur du son. Dans les bois, on y parvient en débouchant un certain nombre de trous percés dans le tube ou en utilisant un instrument plus court. Dans les cuivres, quand on presse les pistons, on allonge la colonne d'air, et on diminue la hauteur du son. Dans les cuivres et, à un moindre degré, dans les bois, on peut produire des notes plus aiguës simplement en soufflant plus fort: cela a pour effet de diviser la colonne d'air, et donc de réduire la distance entre les crêtes de vibration.

Les enfants, fascinés, suivent le joueur de fifre de Hamelin.

Le bois dont on fait les flûtes

La douceur des flûtes, leur présence presque intime, en font des instruments envoûtants. D'ailleurs, on leur a toujours prêté d'étranges pouvoirs, comme en témoignent *La Flûte enchantée* de Mozart ou la légende du joueur de flûte de Hamelin (Hameln, en Allemagne) : sa musique ensorcela les enfants de la ville qui disparurent à sa suite. Selon les cas, le flûtiste souffle en travers de l'ouverture du tuyau (flûte de Pan) ou tangentiellement à un trou pratiqué dans la paroi (flûte traversière). Cela suffit à faire vibrer la colonne d'air contenue dans le tuyau. Il en résulte un son charmant auquel contribue le léger chuintement de l'air qui s'échappe de l'embouchure. Les notes aiguës sont obtenues par un renforcement du souffle.

Poisson siffleur
Ce poisson en céramique ne ressemble guère à une flûte à bec. Pourtant, comme dans cette dernière, un court conduit permet à l'air d'attaquer le biseau situé sur le côté.

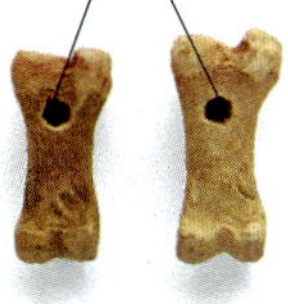

Musique primitive
Faits avec de petits os de pied de renne, ces sifflets datent de 40 000 av. J.-C. Trouvés en France, ils servaient sans doute plus à faire des signaux que de la musique.

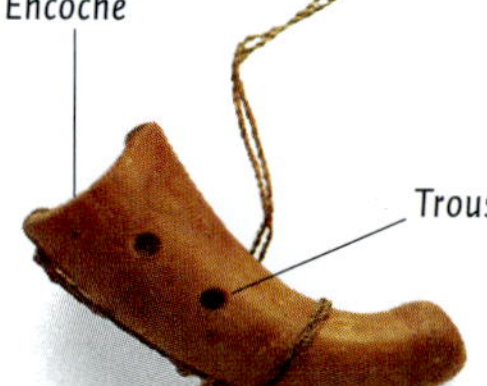

Fruits musicaux
Ce sifflet soudanais est fabriqué à partir d'un morceau de calebasse. On en joue en soufflant dans une entaille faite dans la partie ouverte et en bouchant les trous avec les doigts.

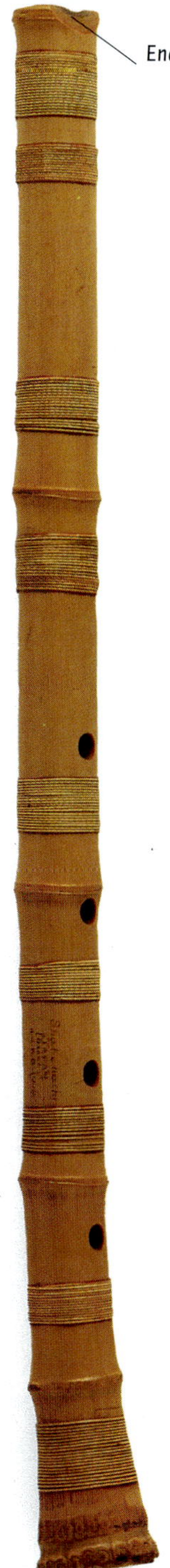

Recette extrême-orientale
Sur cette shakuhachi japonaise, une encoche pratiquée dans l'embouchure favorise l'émission du son.

Animaux pétrifiés
Les grenouilles et l'aigle, joliment sculptés en stéatite, décorent de façon inhabituelle ce flageolet du XIXe siècle, œuvre des Indiens Haida (tribu des îles situées au large de l'ouest du Canada).

Frères jumeaux
Les flageolets, de forme conique, sont utilisés dans la musique populaire (le sifflet en fer-blanc en est un exemple). Cet instrument yougoslave délicatement sculpté est un flageolet double : on peut jouer de ses deux tuyaux séparément. Il date des années 1900, mais ce type d'instrument est connu depuis le XIIIe siècle.

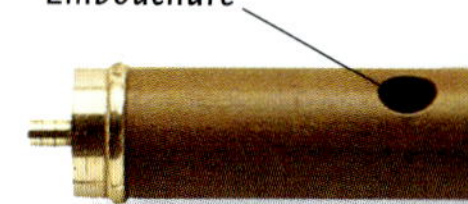

Bois minutieusement sculpté en forme de tête de dragon

La musique des dieux
Les flûtes de Pan tirent leur nom du mythe grec du dieu Pan. Quand la nymphe que Pan aimait fut changée en roseau, il coupa ce dernier en tuyaux de longueurs inégales qu'il assembla. Il jouait de cet instrument pour se consoler. De nos jours, on trouve surtout la flûte de Pan dans la musique sud-américaine.

Flûtes traversières

On peut dénommer flûte tout tuyau muni d'un trou pour souffler dedans et d'autres trous que l'on peut boucher avec les doigts. On réserve le nom de flûte traversière aux instruments dont l'embouchure est située sur le côté : on souffle en travers de ce trou, en tenant la flûte horizontale.

Un système pratique

Cet instrument guyanais en bambou est peu courant : en effet, on y souffle comme dans une flûte traversière, mais l'instrumentiste change de note en modifiant avec la main la forme de la grande ouverture située sur le côté.

Certaines flûtes peuvent être jouées indifféremment avec le nez ou avec la bouche.

Bruits de nez

Les flûtes nasales sont très répandues dans les régions du Pacifique. Cette flûte en bambou, magnifiquement décorée, provient des îles Fidji. Elle possède en son centre trois trous pour les doigts. L'instrumentiste souffle par une narine dans une extrémité, tandis qu'il bouche l'autre de sa main – ou même avec du tabac !

Notes aiguës

Le piccolo est une petite flûte très aiguë, inventée vers la fin du XVIIIe siècle. Celui-ci date des années 1800 ; il est en bois et ne possède encore qu'une seule clef. De nos jours, le piccolo présente le même système de clefs que la flûte de concert et tous les flûtistes peuvent en jouer.

Le système Bœhm

Le facteur d'instruments allemand Theobald Bœhm (1794-1881) a transformé la flûte, en inventant un système de clefs grâce auquel des tampons, actionnés par les clefs ou par les doigts, bouchent tous les trous. La sonorité est plus ronde, et le jeu facilité.

Flûte ancienne en bois, vers 1830

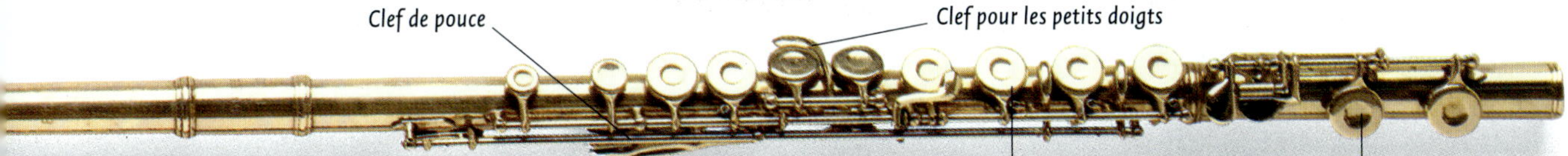

Flûte de concert moderne

De la simplicité à la sophistication

La flûte traversière ancienne en bois présente un mécanisme courant en Angleterre, vers 1800. Il contraste avec le mécanisme complexe de cette flûte moderne en métal. L'esthétique sonore des deux instruments est complètement différente.

La flûte dragon

Le *lung ti*, ou flûte du dragon, est une flûte traversière chinoise élégante et peu répandue, utilisée dans les cérémonies religieuses. Elle est en bambou laqué. Une mince feuille de papier couvre l'embouchure, ce qui donne un bourdonnement insistant.

Flûte

DES ANCHES QUI VIBRENT

Sur ce détail d'un tableau du XVIIe siècle, on voit deux joueurs de chalémie, accompagnés par un trombone, qui participent à une procession lors d'une fête en Espagne.

Pour transformer un roseau creux en instrument de musique, il suffit d'en couper un court morceau, d'y percer quelques trous, et de tailler en biais ou d'écraser l'extrémité que l'on pincera entre ses lèvres tout en soufflant. Même s'il fait plus de couacs que de jolies notes, cet instrument rudimentaire figure assez bien l'origine des vents dont le son résulte de la vibration d'une anche. L'anche d'une clarinette est une fine lamelle de roseau serrée sur la partie supérieure de l'embouchure. Celles du hautbois, du cor anglais ou du basson sont doubles et constituent l'embouchure proprement dite.

Anche de clarinette

Embouchure

« Baril » cylindrique extensible pour permettre l'accord

Corps supérieur avec clefs pour la main gauche

Position habituelle pour jouer de la clarinette

ANCHES SIMPLES

Le joueur de clarinette ou de saxophone (p. 14) dispose d'une embouchure contenant une ligature en métal qui maintient en place une anche simple. Avec sa bouche, l'instrumentiste peut modifier les vibrations de l'anche pour produire certains sons.

Clefs pour le petit doigt droit

Clefs pour le petit doigt gauche

Corps inférieur avec clefs pour la main droite

Anneau de liège pour l'étanchéité entre les segments

La clarinette ne s'élargit qu'au pavillon.

Dans la famille des clarinettes, la soprano est la plus souvent jouée. Celle-ci est faite en ébène d'Afrique.

Fixation du pupitre de lecture

Clef pour le pouce gauche

Anneau pour suspendre l'instrument au cou

Clefs pour l'index du droit

Clef supplémentaire pour accroître la tessiture

Le pavillon métallique projette le son vers l'avant.

Les clarinettes au son grave comme cette alto ont un pavillon recourbé.

PERÇANT MAIS DOUX

Les clarinettes se répandirent au cours du XVIIIe siècle, et les clefs peu maniables furent améliorées par Bœhm (p. 11) au siècle suivant. Leur son, quelque peu perçant mais doux, est largement utilisé dans la musique orchestrale. Dans le jazz traditionnel et dans certaines musiques populaires, la clarinette joue de façon plus vivante, voire sauvage.

Appui de la main droite

Clefs pour le pouce droit (les trous pour les doigts sont de l'autre côté)

Capuchon métallique recouvrant le coude du tube en bois

Le pavillon en forme de bulbe donne au cor anglais un son doux et velouté.

ANCHES DOUBLES

Deux lamelles de roseau constituent l'anche double, dont les vibrations entraînent la colonne d'air située dans l'instrument. L'anche double et le tube conique produisent le son perçant, légèrement nasal, du hautbois, du cor anglais et du basson.

Une courroie passant autour du cou permet de supporter le poids du basson.

Les pavillons de la plupart des bassons allemands sont ornés d'un cerclage d'ivoire.

Pour faciliter le jeu, l'anche double s'adapte à un tube recourbé appelé « bocal ».

UNE PROFONDE RESPIRATION

L'étroitesse de l'ouverture d'une anche double restreint l'entrée d'air, ce qui permet de jouer une longue phrase d'un seul souffle.

Clef pour le pouce gauche (les trous pour les doigts sont de l'autre côté)

FABRICATION D'UNE ANCHE DOUBLE

On coupe et on plie en deux un morceau de roseau (1). Les extrémités sont ligaturées et insérées dans un manchon gainé de liège, puis on coupe à sa pliure la partie (2), dont on gratte les côtés.

Manchon gainé de liège

« UN DIEU MARIN PARLE »

Ainsi le basson fut-il décrit par l'écrivain Sacheverell Sitwell, impressionné par la sonorité profonde et sombre de l'instrument. C'est avant tout un instrument d'orchestre. Il s'agit d'un tube en bois, en forme de U serré, d'une longueur développée d'environ 2,70 m. A la différence des autres instruments à vent, le basson a conservé le système de clefs du XIXe siècle.

Anche double dans un court « bocal » recourbé

Le « bocal » recourbé permet à l'instrumentiste du cor anglais d'avoir une position confortable pour les mains.

L'anche double s'adapte au corps supérieur du hautbois.

UN TRISTE MYSTÈRE

Le cor anglais est un hautbois grave, avec un son doux et triste. Cet instrument était à l'origine recourbé comme un cor de chasse ; au XIXe siècle, il est devenu coudé puis droit. Son nom reste en partie un mystère. Bien que sa sonorité veloutée rappelle le son d'un cor lointain, personne ne sait vraiment pourquoi on le qualifie d'« anglais ».

Le cor anglais a exactement les mêmes clefs que le hautbois, mais n'a pas les notes les plus graves.

Clef basse (n'existe pas sur le cor anglais)

HAUTBOIS

Le hautbois est l'héritier de la chalémie, simple tuyau muni d'une anche double et utilisé dans la musique populaire. Le hautbois est célèbre pour sa sonorité aiguë et plaintive, mais il peut être rauque dans le registre grave.

Musicien jouant d'un hautbois moderne

NOTES DE CHARME

Le tiktiri du charmeur de serpents est une double clarinette faite de deux tuyaux de roseau fixés dans une calebasse.

LES SAXOPHONES : BOIS HYBRIDES AU TEINT CUIVRÉ

Les noms des instruments de musique font rarement référence à leurs inventeurs. Cela arrive pourtant : heckelphone, sousaphone, ondes Martenot et, surtout, saxophone, du nom de celui qui réalisa en 1846 un curieux « croisement », en adaptant l'embouchure d'une clarinette et le doigté d'un hautbois à un tube parabolique en cuivre terminé par un pavillon évasé.

Initialement, le saxophone était destiné aux musiques militaires et aux harmonies. Pourtant il doit sa notoriété aux musiciens de jazz qui, très vite, ont apprécié ses extraordinaires possibilités d'expression.

LES « SAXOS »
Les grands orchestres de jazz peuvent avoir une section de quatre, cinq saxophones ou plus. Ici, le célèbre orchestre de Count Basie, vers 1958, avec sa rangée de deux altos et de deux ténors.

GROS ET GRAS
Avec sa sonorité voluptueuse et grasse, le saxo ténor est le plus courant de tous les saxophones. Adolphe Sax inventa quatorze tailles différentes de saxophones, mais seules quatre d'entre elles sont répandues de nos jours – le soprano, l'alto, le ténor et le baryton –, véritable quatuor de saxophones, l'équivalent du quatuor à cordes.

UN SAXO MIS À NU
Ce saxo ténor a été démonté pour que l'on refasse son vernis doré éclatant. On voit bien le gros calibre conique du tube, qui donne au saxo sa sonorité voluptueuse.

Saxophone

Les saxophones sur scène

Adolphe Sax (1814-1894) présente ses nouveaux instruments (ci-contre, à droite). Il inventa le saxophone pour renforcer le son des bois dans les musiques militaires. Il créa aussi le saxhorn, instrument grave souvent utilisé dans les orchestres de cuivres (p. 22).

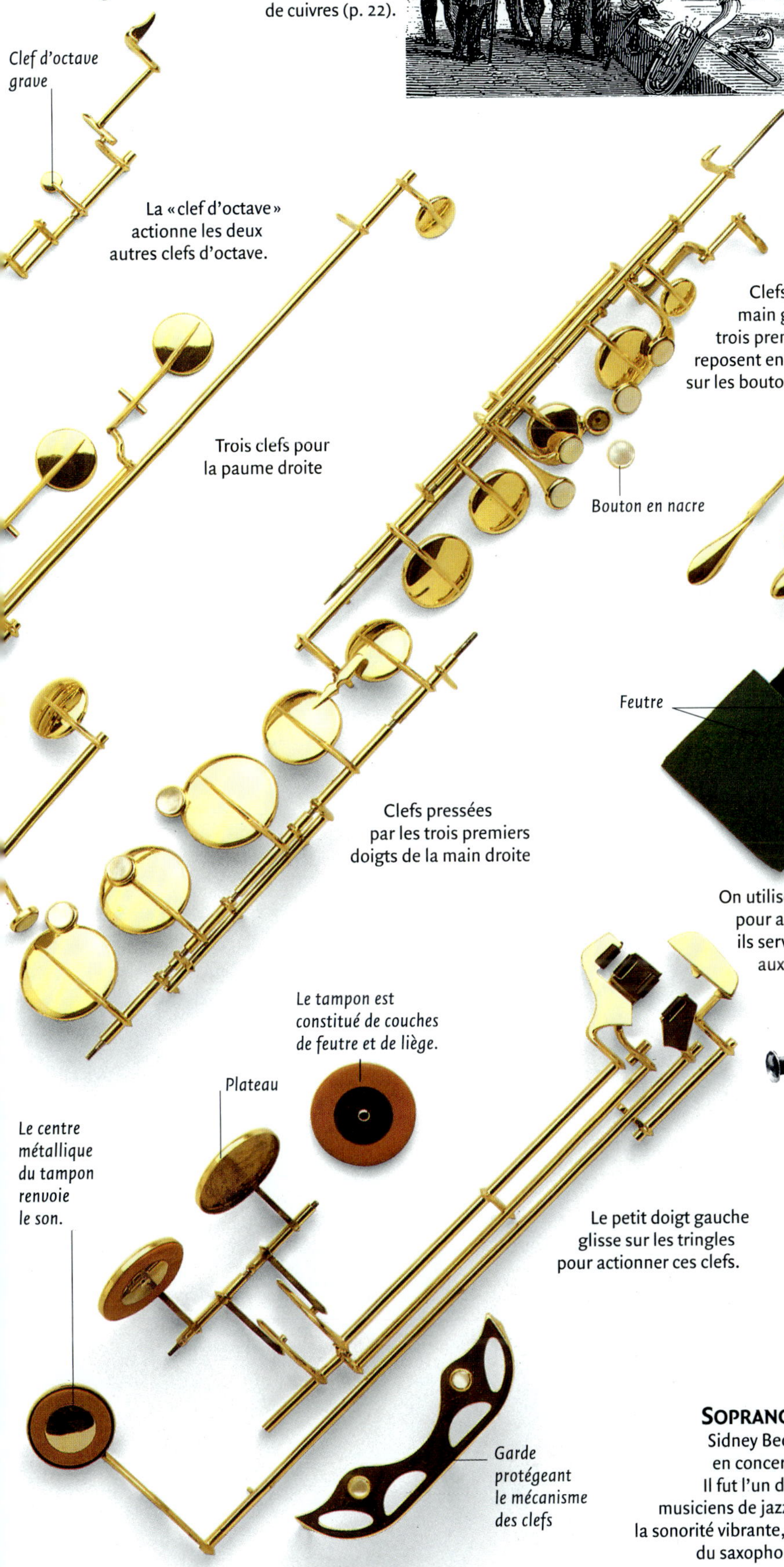

On utilise du feutre et du liège pour aligner les tampons ; ils servent d'amortisseurs aux clefs et assurent l'étanchéité.

Soprano inégalé

Sidney Bechet joue ici en concert vers 1957. Il fut l'un des premiers musiciens de jazz à exploiter la sonorité vibrante, pénétrante du saxophone soprano.

Interchangeables

Le soprano est le plus petit et le plus aigu des saxophones usuels. Tous les saxophones ont la même disposition de clefs, ce qui permet à un instrumentiste de jouer de n'importe quel saxo.

Joueur de cornemuse écossaise du XIXe siècle

LE SOUFFLE EST DANS LE SAC

L'une des difficultés du jeu d'un instrument à vent est le choix du moment où l'on reprend sa respiration. Certains instrumentistes parviennent à inspirer tout en continuant à jouer, mais ce n'est pas à la portée de tout le monde. C'est probablement pourquoi sont apparus binious, cornemuses et tous les instruments où ce n'est pas l'air issu de la bouche qui fait vibrer l'anche, mais l'air contenu dans le sac qu'on presse sous le bras. De ce point de vue, le biniou est à la bombarde ce que l'accordéon, avec sa réserve d'air, est à l'harmonica : le son produit par ces deux instruments provient du seul passage de l'air sur les anches métalliques de longueurs variables, libres de vibrer sans être associées à la colonne d'air d'un tuyau.

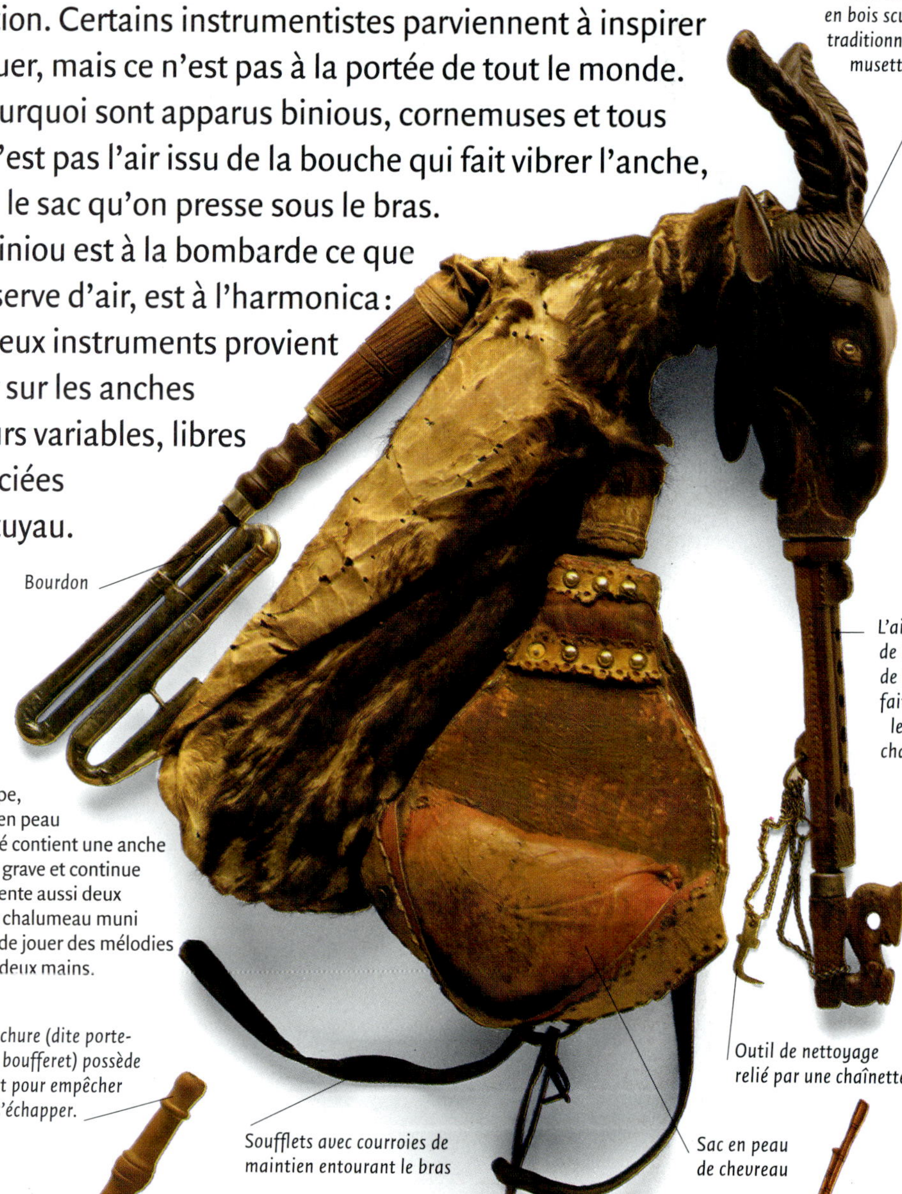

Une tête de chèvre en bois sculpté décore traditionnellement les musettes d'Europe centrale.

Bourdon

L'air qui sort de la gueule de la chèvre fait chanter le double chalumeau.

Outil de nettoyage relié par une chaînette

Soufflets avec courroies de maintien entourant le bras

Sac en peau de chevreau

UNE CHÈVRE SOUFFLANTE

Cette musette délicatement sculptée a été fabriquée en Hongrie au début du XXe siècle. Les soufflets sont placés sous les bras et, telle une pompe, servent à remplir d'air le sac en peau de chevreau. Le tuyau coudé contient une anche simple et donne une note grave et continue de bourdon. Le sac alimente aussi deux anches dans le double chalumeau muni de trous permettant de jouer des mélodies avec les doigts des deux mains.

Le bourdon a une seule anche battante et un large pavillon à son extrémité.

L'embouchure (dite porte-vent, ou boufferet) possède un clapet pour empêcher l'air de s'échapper.

L'unique chalumeau fonctionne grâce à une anche double et possède sept trous.

Sac en peau de mouton

CE VIEUX SAC À VENT

Le biniou breton est une simple cornemuse en peau de mouton. Cet instrument date du milieu du XIXe siècle. On en joue toujours, le plus souvent en duo avec une bombarde (sorte de chalumeau ou chalémie, p. 12), dans les fêtes populaires. L'instrumentiste souffle dans le tuyau de bouche pour gonfler le sac, qu'il presse ensuite pour faire sonner le bourdon et chanter le chalumeau. On trouve des cornemuses à bouche de ce type en Europe, en Afrique et en Asie. La sonorité des cornemuses écossaises, qui ont trois bourdons, est particulièrement remarquable.

Accordéon

CORNEMUSE EN FÊTE

Ce détail d'un tableau de Bruegel (XVIe siècle) représente un joueur de cornemuse. L'artiste peignait souvent des scènes de fest de liesses populaires.

Aspirez-soufflez

L'harmonica possède deux rangées d'anches libres que l'on actionne en soufflant ou en aspirant dans l'instrument. Dérivé des orgues à bouche d'Asie, l'harmonica ne date que du siècle dernier.

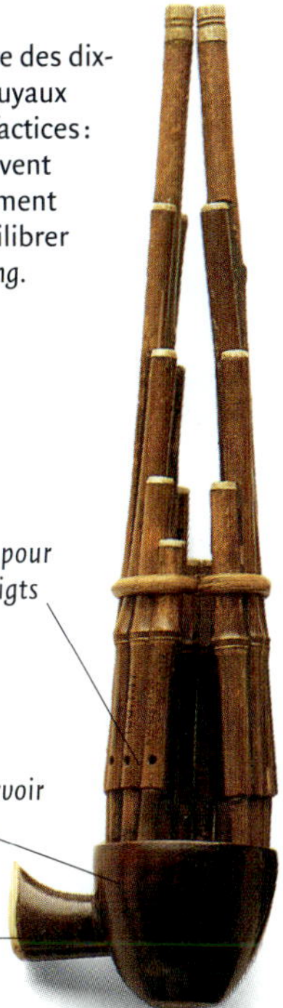

Un descendant du phénix

Le *sheng*, représenté monté (à l'extrême gauche) et démonté (à gauche et ci-dessous), est un orgue à bouche dont l'origine chinoise remonte à 3 000 ans. On dit que sa forme élégante ressemble à celle du phénix, un oiseau légendaire. Pour jouer du *sheng*, on souffle ou on aspire dans le réservoir d'air tout en ouvrant ou en obturant les trous des divers tuyaux avec les doigts. Quand on ouvre un trou, on fait pénétrer de l'air vers les anches libres situées à la base des tuyaux de bambou. Les anches sont des languettes de laiton qu'on leste de cire pour pouvoir les accorder.

Virtuose chinois jouant d'un orgue à bouche complexe

Musicien ambulant du XIXe siècle, avec son accordéon et son singe

Ouvrez-fermez

Des soufflets ornés de fleurs, une grille nickelée et des touches en plastique bleu contribuent à la splendeur de cet accordéon italien. En appuyant sur les touches et les boutons, on laisse passer l'air provenant des soufflets sur les anches métalliques correspondantes qui entrent en vibration. L'instrument est soutenu par des courroies, ce qui laisse les mains libres pour actionner les soufflets et jouer sur les touches et les boutons.

UN GRAND ORGUE, DE GRANDES ORGUES

Les milliers de tuyaux d'un orgue peuvent donner la plus grande étendue de sons, du grave à l'aigu, et une puissance à ébranler les murs d'une cathédrale. Pourtant, à l'origine du plus riche et du plus complexe des instruments de musique se trouve l'humble flûte de Pan (p. 10). Sur l'orgue, chaque touche enfoncée libère l'air d'une soufflerie vers un ou plusieurs tuyaux qui sonnent parfois comme un véritable orchestre (pp. 8-9).

ORGUE TRANSPORTABLE
Les orgues portatifs, en usage au Moyen Age, étaient joués par une seule personne. Une main actionnait les soufflets pour alimenter en air un ensemble de tuyaux à bouche, l'autre jouait sur les touches.

TUYAUX GÉANTS
Sur un grand orgue, les notes les plus graves peuvent provenir de tuyaux longs de presque 10 m.

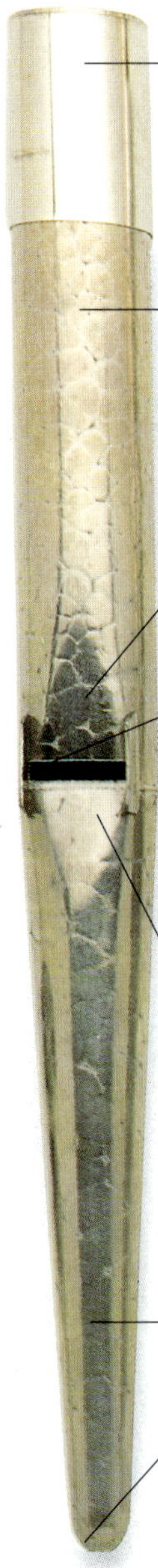

Tuyau à bouche

MÉLANGES DE MÉTAUX
On utilise souvent des alliages de plomb et d'étain pour les tuyaux d'orgue. L'étain exalte le son, tandis que le plomb l'assourdit.

Orgue

LES SONS DES VIOLONS
Les tuyaux à bouche sonnent de la même façon qu'un sifflet (p. 10). Ces tuyaux étroits ont une sonorité proche des instruments à cordes.

TUYAUX DE PRINCIPAL
Des « oreilles », petites plaques de métal placées de chaque côté de la « bouche » des tuyaux à bouche, stabilisent les sons produits par ces tuyaux.

Tuyau de montre en laiton

TUYAU EN MONTRE
Appelés « en montre » parce qu'ils sont visibles sur la façade de l'orgue, ces tuyaux sont faits de quatre-vingts pour cent d'étain, ce qui leur donne une sonorité brillante.

Des puces dans l'orgue

Des circuits électroniques contrôlent les mécanismes qui commandent les tuyaux.

Tuyaux à anche

Dans de tels tuyaux l'anche produit le son de la même façon que les anches simples dans les instruments de la famille des bois, tels que la clarinette (p. 12). La languette vibre quand l'air est soufflé, à travers la gouttière en laiton, vers le tuyau.

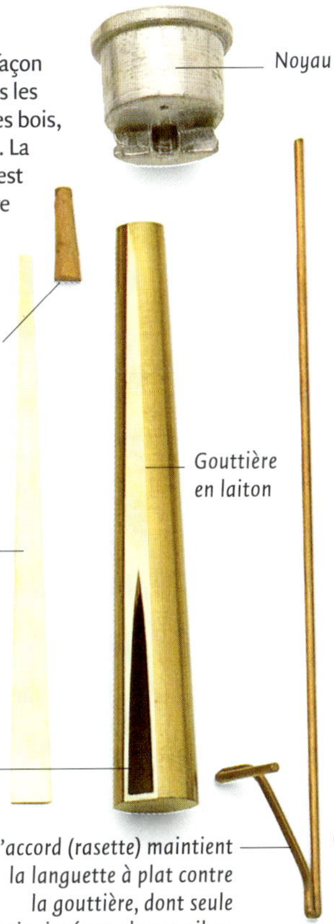

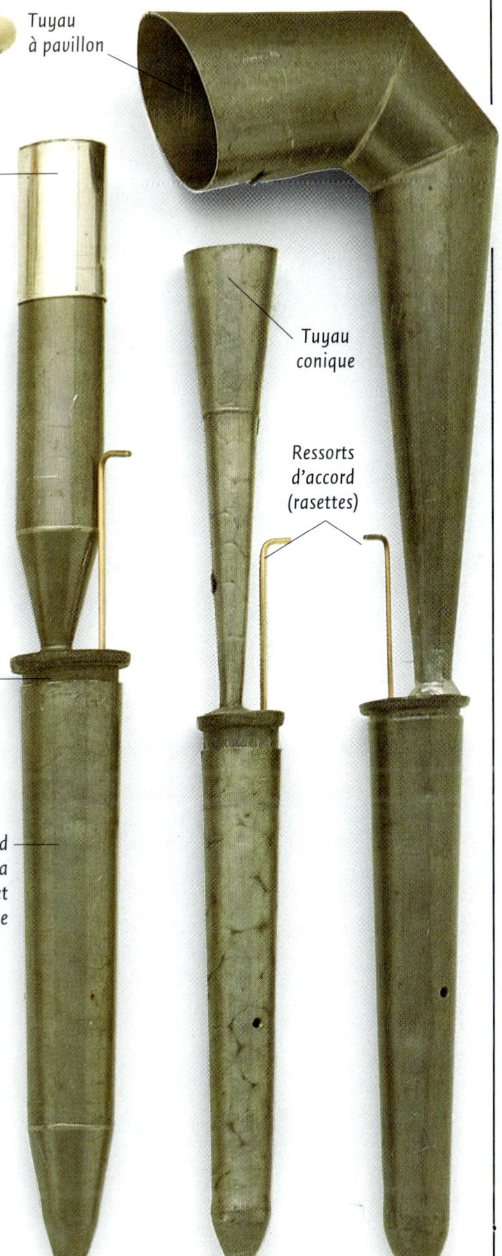

Du travail pour deux

Avant l'avènement des souffleries électriques, un homme actionnait les soufflets pendant que l'organiste jouait.

Double flûte

D'origine allemande, ce tuyau *Doppelflöte* («double flûte») a deux bouches et produit un son proche de celui de la flûte.

Tous les registres sont permis !

Les tuyaux sont de formes variées pour imiter des instruments tels que la clarinette (à gauche), le hautbois (au centre) et la trompette (à droite). Ces divers tuyaux sont commandés par des tirants de registre situés sur la console.

Le cornu, cor romain en bronze

LES CUIVRES NE SONT PAS TOUS EN CUIVRE

Comme leur nom français ne l'indique pas tout à fait, les principaux « cuivres » de l'orchestre – trompette, trombone, cor et tuba – sont presque toujours en laiton, un alliage de cuivre et d'étain, verni ou argenté pour la facilité de l'entretien. Par la façon dont ils produisent du son, les cuivres s'apparentent aux instruments plus anciens fabriqués à partir de coquillages, de branches creuses ou de cornes d'animaux. En réalité, on pourrait « affilier » aux cuivres tout instrument à vent dont la colonne d'air vibre consécutivement au passage de l'air par l'orifice étroit auquel sont appliquées les lèvres de l'instrumentiste. Autrement dit, l'embouchure des cuivres ne comporte pas de partie mobile.

Musiciens allemands en 1520 : ceux de gauche jouent d'une chalémie (p. 12) et celui de droite de la trompette.

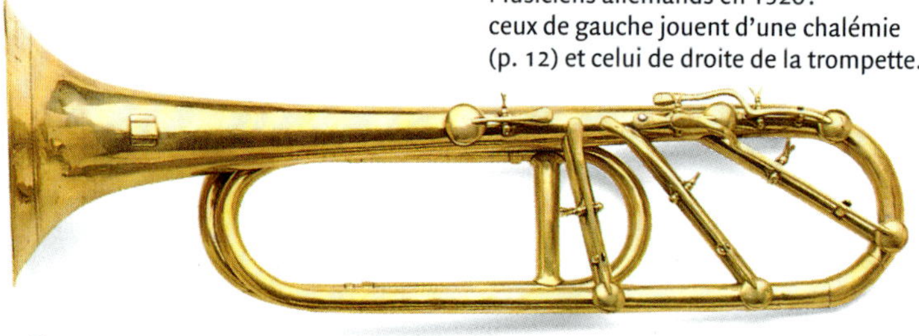

CE N'EST PAS LA CLEF DU SUCCÈS

Haydn composa en 1796 son célèbre concerto pour trompette en *mi* bémol pour un nouvel instrument doté de clefs autorisant l'émission de notes supplémentaires. Pourtant, cette nouvelle trompette disparut rapidement, car on jugeait que sa sonorité était celle d'un « hautbois fou ».

COR NATUREL

Cet instrument d'Afrique orientale est constitué d'une corne de gazelle dont il ne subsiste guère que la forme, car le noyau osseux en a été retiré ainsi que la couche extérieure de corne, sauf à l'embouchure latérale sculptée. En Afrique, des orchestres composés de plusieurs de ces instruments donnent des concerts spectaculaires.

DES INSECTES LUTHIERS

Les aborigènes d'Australie, très inventifs, ont trouvé un système original pour fabriquer leur instrument préféré, le *didjeridu* : ils enterrent une longue branche d'eucalyptus pour que les termites en mangent le centre. Le tube creux est ensuite nettoyé et décoré avec des pigments. On en joue en soufflant à une extrémité.

DU CHASSEUR AU FACTEUR

De petits cors recourbés servant à émettre des signaux de chasse sont décrits pour la première fois en France au XIVe siècle. Quand débutèrent les services postaux, un siècle plus tard, le facteur utilisait un cor similaire pour annoncer son arrivée et son départ.

Ton de rechange amovible permettant d'allonger le tube, ce qui abaisse toutes les notes disponibles

Si l'on place la main dans le pavillon évasé, on élève la note jouée.

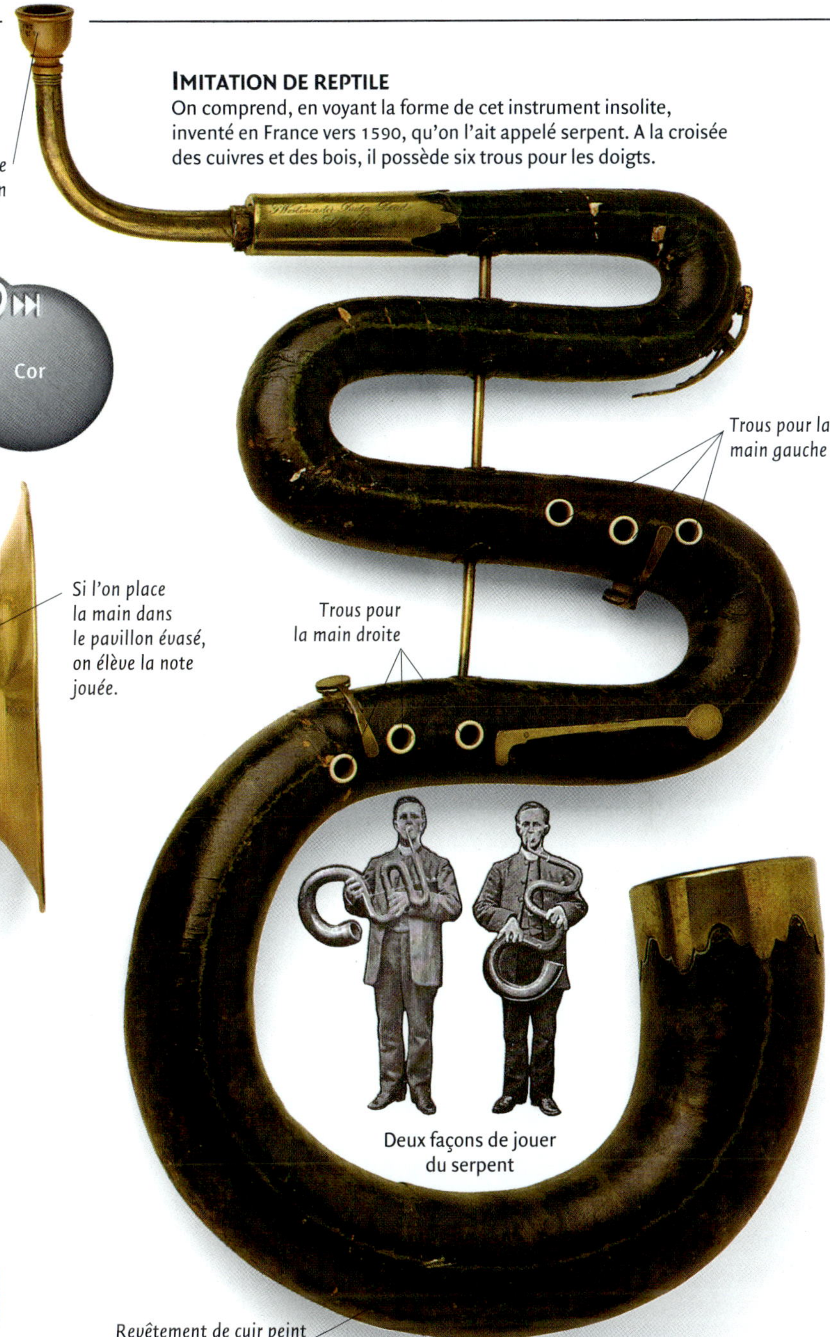

Embouchure en bassin

Imitation de reptile

On comprend, en voyant la forme de cet instrument insolite, inventé en France vers 1590, qu'on l'ait appelé serpent. A la croisée des cuivres et des bois, il possède six trous pour les doigts.

Trous pour la main gauche

Trous pour la main droite

Revêtement de cuir peint imitant la peau de serpent

Deux façons de jouer du serpent

Cor italien, fabriqué vers 1720

Des tours supplémentaires

Au cours du XVIIe siècle, les fabricants allongèrent progressivement le cor et lui donnèrent une forme circulaire pour en faciliter le jeu. Mais le cor ne pouvait produire qu'un nombre limité de notes, jusqu'à ce qu'un siècle plus tard on invente les sections de tube amovibles. Ces «tons de rechange» permettaient d'allonger le tube et de produire des séries de notes différentes. Cet instrument typique, datant de 1780, a deux tons de rechange.

Animal ressemblant à un lézard sculpté dans le bois

Pavillon effilé

Message religieux

Heureusement pour l'instrumentiste, cette trompette marocaine en cuivre, longue de 1,50 m, peut se démonter en plusieurs parties. On l'appelle *nafir*, et on l'utilise pour signaler la fin de la fête musulmane du ramadan par de longs coups de trompe. Les trompettes de ce type remontent aux Romains, qui les ont peut-être introduites en Afrique du Nord.

La musique des montagnes

Le son du cor des Alpes a souvent retenti dans les Alpes suisses. Ce long instrument en bois était joué traditionnellement par les bergers mais, de nos jours, il reste surtout une attraction touristique.

LES CUIVRES BRILLENT AUSSI PAR LEUR SON

Les cuivres à tubulure complexe, trompettes et trombones en rangs serrés, produisent des impressions sonores d'une extraordinaire intensité lorsqu'ils sont joués à pleine puissance. Les efforts des instrumentistes n'expliquent pas tout, quoique tonitruance et rouge aux joues aillent souvent de pair dans les fanfares. L'éclat des sonorités vient du faible diamètre du tube, de sa perce, de la forme du pavillon, large et évasé. Mais les cuivres ont d'autres atouts : sonorités suaves, lorsque le souffle est retenu ; sourdines associées à une idée de mystère, voire de menace. Les musiciens de jazz exploitent merveilleusement ces atmosphères et laissent leur personnalité s'exprimer dans des solos enthousiasmants.

FANFARE HÉRALDIQUE
Le héraut représenté sur cette estampe allemande (vers 1500) joue d'une des premières trompettes, qui n'avaient pas encore de pistons à cette époque.

CHEF D'ORCHESTRE
Les sonorités onctueuses d'un ensemble de cuivres sont couronnées par le cornet, qui conduit l'orchestre et joue les passages en solo. Le cornet est en quelque sorte un cor de poste (p. 20), auquel on a adapté des pistons. On en joue comme de la trompette et il produit les mêmes notes qu'elle. Mais sa perce (diamètre du tube) augmente plus vite avant le pavillon et lui donne une sonorité plus grasse que celle de la trompette. Le cornet n'a pas le prestige de la trompette, mais il est plus facile d'en jouer.

UNE FORMATION TRADITIONNELLE
Les orchestres de jazz traditionnel, tel celui de Humphrey Lyttleton, représenté ici, comportent une trompette et un trombone. Les musiciens de ces formations recherchent une sonorité originale rugueuse, presque rocailleuse.

À L'ÉPAULE
Les nombreuses spires de ce cuivre du XIXe siècle permettent à l'instrumentiste de transporter ce lourd instrument sur son épaule.

BAISSER LE TON

Un joueur de trompette ou de cornet peut produire un certain nombre de notes grâce à trois pistons seulement. Chaque piston possède des trous qui dévient l'air en vibration dans des tubes complémentaires, ce qui a pour effet d'allonger la colonne d'air en vibration dans l'instrument, et d'abaisser ainsi la hauteur de la note. Les tubes complémentaires sont de différentes longueurs : courte, moyenne ou longue. L'instrumentiste peut produire jusqu'à une douzaine de notes différentes, et la combinaison de trois pistons permet d'obtenir six autres notes au-dessous de celle déjà produite par les lèvres seules.

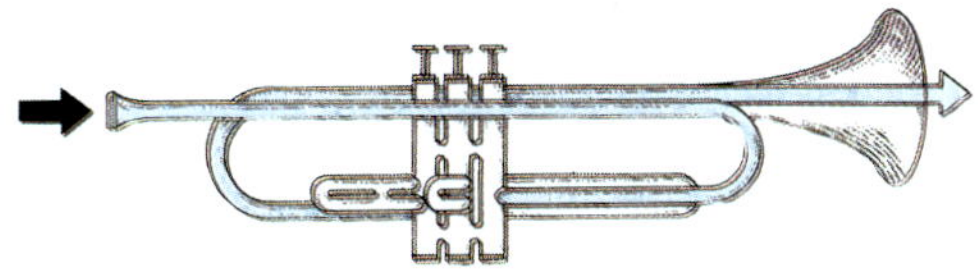

LES PISTONS SONT EN L'AIR

La colonne d'air en vibration n'est pas élevée dans les tubes complémentaires.

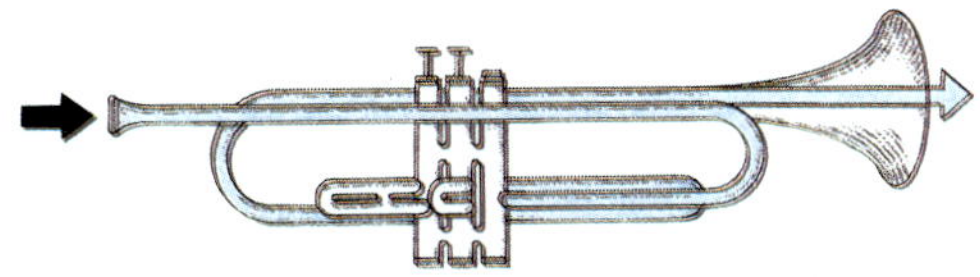

LE TROISIÈME PISTON EST ABAISSÉ

La colonne d'air, déviée dans le tube complémentaire, est allongée, ce qui diminue la note de trois demi-tons.

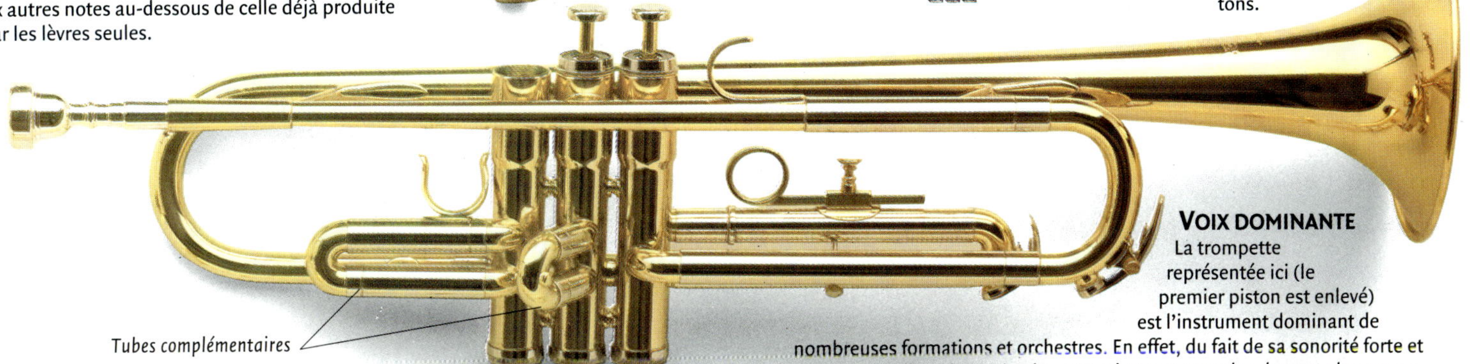

VOIX DOMINANTE

La trompette représentée ici (le premier piston est enlevé) est l'instrument dominant de nombreuses formations et orchestres. En effet, du fait de sa sonorité forte et aiguë, c'est elle qui entraîne les autres instruments plus doux et plus graves.

« SATCHMO »

Louis Amstrong, surnommé « Satchmo » (sacoche en anglais, allusion à ses très grosses lèvres qui emprisonnaient l'embouchure de sa trompette), révolutionna le jazz dans les années 1920 par son brillant jeu de trompette. Jusqu'alors, les instrumentistes s'étaient simplement contentés d'ornementer les mélodies, tous les musiciens jouant ensemble. Le premier, Amstrong élabora un style de solos de jazz par d'audacieuses improvisations qu'accompagnait la seule section rythmique.

Trompette équipée d'une sourdine sèche

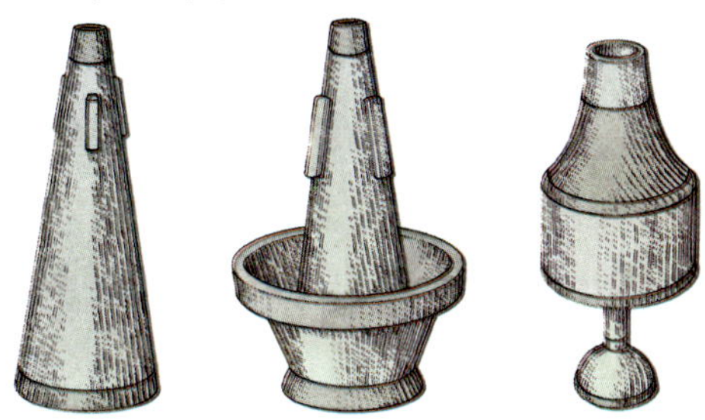

Sourdine sèche — Sourdine bol — Sourdine « wa-wa »

SON EN SOURDINE

Tous les cuivres peuvent être équipés de sourdines que l'on place dans le pavillon. Elles diminuent le volume sonore, mais affectent aussi grandement la sonorité de l'instrument. Une sourdine sèche donne un son ténu et perçant, tandis que Miles Davis obtient une sonorité caractéristique avec une sourdine « wa-wah ».

Trompette

UN MODÈLE DURABLE

Le trombone est un instrument qui a peu changé au cours des ans. D'anciens tableaux montrent qu'il a atteint sa forme actuelle au XVe siècle ; seul le pavillon s'est modifié depuis, s'élargissant au cours des deux derniers siècles pour donner une sonorité plus majestueuse. Dans le trombone, la coulisse remplace les pistons des autres instruments à vent et produit les notes graves. Pour allonger le tube, il suffit de pousser la coulisse. Ce système présente l'avantage de pouvoir « glisser » d'une note à une autre, et cet effet de glissando donne la sonorité originale du trombone. Mais la coulisse est moins maniable que les pistons et restreint les possibilités de jouer des mélodies vives. L'instrument représenté ici est un trombone ténor ; le trombone basse possède une coulisse supplémentaire.

Des lèvres musclées et un sacré coffre

La corne creuse est à l'origine des cors. La sonorité

de ces instruments n'a pas le caractère incisif de la trompette et du trombone (pp. 22-23), dont les tubes sont plus courts. Les cors et le tuba arrondissent et donnent une plus grande plénitude à la section des cuivres dans un orchestre symphonique, y ajoutant chaleur et profondeur. Ce sont des instruments « physiques » ; ils exigent des lèvres indestructibles et des poumons puissants : le cor, dès qu'il aborde des notes aiguës, et le tuba, parce qu'il suppose la mise en vibration d'un volume d'air considérable. Et pourtant, ces instruments sont capables des nuances les plus expressives.

Cor

Cor double
Le cor utilisé dans les orchestres, souvent appelé cor d'harmonie, est d'origine allemande. C'est un cor double, ou plus exactement deux cors en un. Le pouce gauche agit sur un piston (p. 23) qui permet de choisir entre deux longueurs de tube enroulé. L'une donne des notes profondes et chaudes, l'autre des notes brillantes et aiguës. Développé, cet instrument atteindrait 9 m de long !

La main droite s'insère dans le pavillon pour modifier certaines notes.

Fils du clairon
Ce cor ténor est un descendant du clairon qui appelait les soldats à leurs divers devoirs. Au XIXe siècle, des pistons furent ajoutés au clairon, notamment par Adolphe Sax, plus connu comme l'inventeur du saxophone (pp. 14-15). Il en résulta toute une famille de cors, généralement dénommés *saxhorns*.

À la parade
Les orchestres militaires font grand usage des cuivres, parce qu'ils sont faciles à transporter lors des défilés, et qu'ils ont une sonorité puissante, exaltante. Ici, un rang de cornets précède un rang de cors d'harmonie. Les orchestres militaires comprennent aussi des bois, tels que des clarinettes et des saxophones. Les harmonies ne comportent en général que des cuivres, sauf la grosse caisse qui assure le rythme.

Cors faits main
Cette gravure du XIXe siècle représente l'assemblage manuel des diverses parties d'un cor dans une fabrique en France.

La démarche légère

Le nom, peu flatteur, du plus célèbre morceau de musique pour tuba est *Tubby the tuba...* («Tuba la grosse panse»). Ce qui ne fait que renchérir sur la réputation non méritée qu'a cet instrument de se dandiner maladroitement au fond d'un ensemble de cuivres, alors qu'entre des mains expertes il peut être agile et émettre une sonorité légère et aérienne. Le tuba est essentiellement un énorme clairon à pistons que l'on tient verticalement. Inventé en Allemagne en 1835, il servait d'instrument de basse aux orchestres militaires. Il en existe de plusieurs tailles, qui émettent des notes allant du grave au très grave. Le plus gros tuba est un monstre de 2,40 m de haut et, si on déroulait son tube, il s'étendrait sur près de 14 m.

En avant marche !

Ce tuba est conçu pour qu'on en joue en marchant lors des défilés. L'embouchure est recourbée de telle sorte qu'on peut faire reposer sur l'épaule le poids de l'instrument. Le pavillon est orienté devant le musicien, pour projeter le son vers l'avant et non vers le haut.

À l'aise

On joue normalement du tuba assis, l'instrument reposant contre le corps. Celui-ci possède un quatrième piston qui lui permet de jouer des notes supplémentaires.

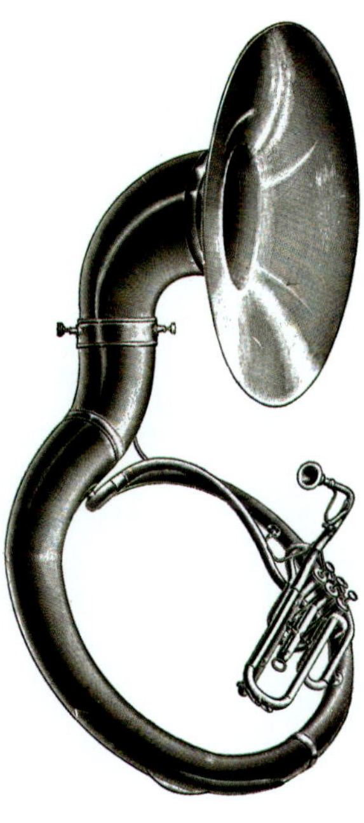

Le son de Sousa

Le sousaphone est un instrument à sonorité grave conçu en 1898 par le chef d'harmonie américain John Philip Sousa. On le porte sur l'épaule, le pavillon étant dirigé vers le haut. De nos jours, il en existe des modèles légers en fibre de verre.

Physique des cordes et richesse d'expression

L'acoustique est la partie de la physique qui étudie les sons et, notamment, les sons musicaux. Pythagore (v. 570-480 av. J.-C.), le premier, établit que la hauteur du son émis par une corde pincée est en raison inverse de la longueur de cette corde. Deux cordes voisines, également tendues, produisent des notes harmoniques lorsque leurs longueurs sont dans des rapports simples : 2 à 3 ou 4 à 5. Ce principe est à la base de la conception de tous les instruments à cordes. Il s'applique aussi aux instruments à vent mais, alors, c'est la longueur de la colonne d'air qui est en cause. La tension et le poids des cordes sont aussi déterminants. Ce sont les doigts qui sont à l'origine de chaque note dans le cas du violon, de la guitare ou du sitar indien. Le fait de pouvoir agir si directement sur la hauteur, sur la sonorité et sur le timbre ouvre de grandes possibilités d'expression musicale à ceux qui jouent de ces instruments. Sans doute est-ce le violon, dont les cordes sont frottées par un archet, qui permet d'atteindre la plus grande subtilité expressive : il est l'instrument roi de l'orchestre classique. Il est plus difficile d'agir sur chaque son avec une harpe ou un piano, mais leur grand nombre de cordes permet de faire sonner de riches accords ou de produire de véritables cascades de notes.

Instrument à cordes

La force de la musique
Les cordes d'un instrument doivent être solides pour résister à la forte tension et aux vibrations éprouvées pendant le jeu. Le plus souvent, elles sont faites en fil de Nylon ou d'acier.

La table d'harmonie se situe à la surface supérieure de la caisse creuse.

Des ouïes en forme de f laissent passer le son provenant de l'intérieur de la caisse.

Cordes sonores

Les cordes tendues résonnent quand on les pince, comme sur une guitare, quand on les frotte avec un archet, comme sur un violon, ou quand on les frappe, comme sur un piano. La corde tout entière vibre alors d'une extrémité à l'autre. Mais les cordes en vibration n'émettent qu'un son faible, car elles ne déplacent pas assez d'air pour créer de fortes ondes sonores. Aussi ces vibrations sont-elles transmises à une mince table d'harmonie située sous les cordes ou à leur extrémité. Faite en bois flexible et élastique, la table d'harmonie vibre fortement et amplifie le son. L'instrument, comme ce violoncelle, peut aussi avoir une caisse creuse qui résonne quand l'air intérieur entre en vibration. Des ouïes, à l'intérieur de la caisse, permettent à ce supplément de son de s'échapper. Le plus simple des instruments à cordes n'est rien d'autre qu'un arc, et sa caisse de résonance, la bouche de l'instrumentiste.

Épaisseur de la corde
Une corde épaisse émet une note plus grave qu'une corde mince de même longueur.

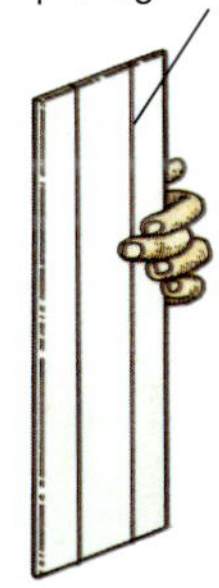

Longueur de la corde
La hauteur du son produit par une corde tendue s'élève quand on raccourcit celle-ci.

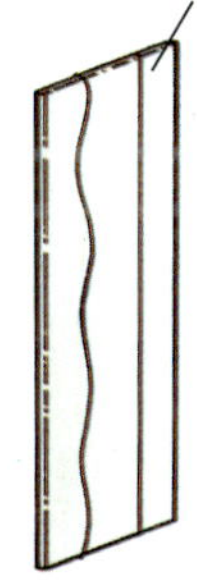

Tension de la corde
Une corde très tendue donne une note plus haute qu'une corde moins tendue de même longueur et de même épaisseur.

LES INSTRUMENTS À CORDES JOUENT LA VARIÉTÉ

Cette sculpture en bois, représentant un ange avec une viole, date de 1390.

Les instruments à cordes frottées que nous connaissons actuellement sont l'aboutissement de plusieurs siècles de « perfectionnements ». D'où une relative unité de caractéristiques, alors que leurs ancêtres présentaient une grande variété de formes, de conceptions et de façons de jouer : dos arrondis ou plats, manches avec ou sans frettes, cordes plus ou moins nombreuses, simples ou par paires – pour ne rien dire des cordes « sympathiques » –, tenue des instruments verticale ou contre la poitrine. Certaines de ces particularités se sont perpétuées dans les musiques populaires ou sont remises au goût du jour par la vogue des interprétations sur instruments d'époque.

Le petit rebec, à la caisse arrondie en forme de poire, est l'ancêtre du violon. On le tenait horizontalement, appuyé contre la poitrine, et on en jouait avec un archet.

ART POPULAIRE SCANDINAVE

Ce bel instrument, fabriqué au milieu du XXe siècle, est un violon populaire norvégien. Il fut très en vogue à Hardanger à partir de 1670. La caisse est décorée de dessins à la plume et le manche est incrusté d'os et de corne. Sous les quatre cordes à jouer se trouvent quatre cordes sympathiques, accordées pour résonner lorsque les cordes mélodiques vibrent.

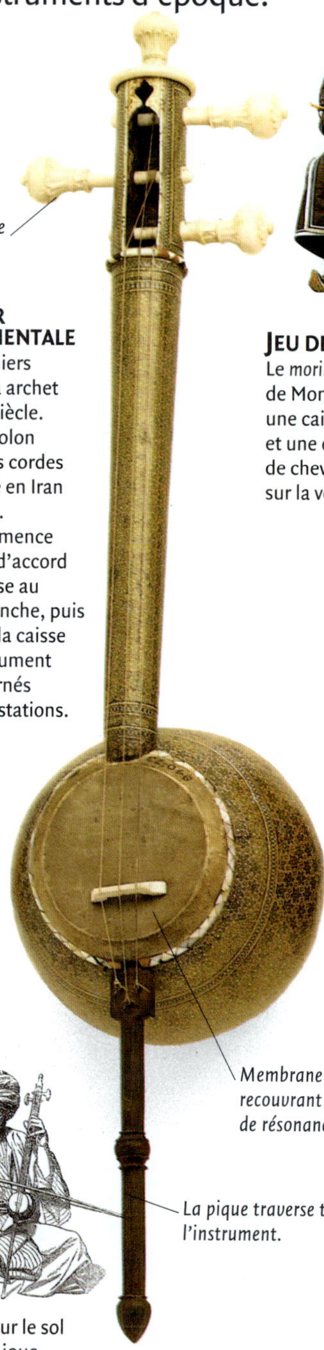

SPLENDEUR MOYEN-ORIENTALE

Les tout premiers instruments à archet datent du Xe siècle. A droite, ce violon à pique à trois cordes a été fabriqué en Iran au XVIIIe siècle. La pique commence aux chevilles d'accord en ivoire, passe au travers du manche, puis au travers de la caisse ronde. L'instrument est en bois, ornés de fines incrustations.

La pique repose sur le sol pendant que l'on joue.

JEU DE CHEVAL

Le *morin-khuur*, un violon de Mongolie, possède une caisse carrée et une élégante tête de cheval sculptée sur la volute.

INFLUENCE DE CUPIDON

La « viole d'amour » était montée de six ou sept cordes mélodiques doublées à l'unisson par autant de cordes sympathiques. Son nom romantique vient peut-être de la sonorité ainsi obtenue. Les cordes et la forme de la caisse sont semblables à celles de la viole, mais, comme l'alto (p. 30), on tient cet instrument sous le menton et il n'a pas de frettes. Vivaldi a écrit pour la « viole d'amour », mais sa sonorité délicate et complexe en fait un instrument soliste et non d'orchestre.

Le manche et la volute sont formés d'une seule pièce de bois.

Les violons de Stroh n'avaient qu'une seule corde.

Le pavillon amplificateur peut être orienté pour projeter le son dans la direction voulue.

Pavillon amplificateur en métal

LE MAÎTRE DE DANSE

Comme le montre cette gravure de la fin du XVIIIe siècle, le maître de danse se servait d'une pochette pour accompagner ses leçons. Ce violon tire son nom de sa taille qui lui permettait de tenir dans une poche.

Tête sculptée miniature

MINIATURE À DANSER

La pochette était un petit violon très pratiqué en Europe aux XVIIe et XVIIIe siècles. La forme arrondie de la caisse est issue du rebec médiéval.

Instrument à cordes

UN AIR DE FAMILLE

Les violes sont des instruments à six cordes, munis de frettes comme la guitare (p. 42), mais dont on joue avec un archet. Cette basse de viole a été fabriquée en Angleterre en 1713. Elle possède des frettes en boyau que l'on peut déplacer pour parfaire l'accord.

Ouïe en forme de C que l'on trouve sur la plupart des instruments de la famille des violes de gambe

COUSIN DU VIOLONCELLE

Sur ce tableau italien du XVIe siècle, on voit une basse de viole présentant certaines similitudes avec le violoncelle (p. 31) qui apparut à cette époque. Elle a par exemple des ouïes en forme de *f*.

JOUER DE LA VIOLE

La viole possède un son doux qui se fond harmonieusement avec les autres instruments. L'archet se tient la paume tournée vers l'extérieur, et l'instrument se pose entre les genoux, ou encore entre les mollets, pour les plus grands. Très populaires jusqu'à la fin du XVIIe siècle, les violes ont été alors supplantées par les violons.

UNE INVENTION INSOLITE

Le violon de Stroh, ou violon à pavillon, fut inventé par le musicien anglais Charles Stroh en 1901. Son unique corde mettait en vibration un diaphragme situé sur le côté du pontet, et le pavillon amplifiait le son produit par le diaphragme, à la manière des premiers phonographes. On l'utilisait dans les spectacles de variété et de music-hall. Dans les premiers studios d'enregistrement, les violons étaient munis de pavillons amplificateurs placés sur les côtés.

LE VIOLON ET SA FAMILLE

Le violon, dans sa forme actuelle, existe depuis le XVIe siècle. Sa richesse et sa puissance, soutenues par des techniques de jeu autorisant une expressivité sans égale, ont permis au violon et à sa famille (alto, violoncelle et contrebasse) de supplanter rapidement les violes. Au XVIIIe siècle, le quatuor à cordes et l'orchestre symphonique ont consacré sa primauté dans la musique occidentale classique. Il s'est aussi imposé dans la musique populaire. La contrebasse, elle, a conquis le monde du jazz.

UN DIABLE AU VIOLON
Le violoniste italien Niccolo Paganini (1782-1840) a marqué de son incroyable virtuosité la musique pour violon. On le soupçonnait même d'avoir passé un pacte avec le diable, tant son jeu avait un caractère réellement démoniaque. Paganini est surtout connu pour ses œuvres pour violon solo, ses *Caprices*, dont certaines ont été reprises en variations par d'autres compositeurs.

LES EXERCICES MÈNENT À LA PERFECTION
Fabriqué vers 1910 par un facteur anglais, cet instrument insolite a été conçu pour permettre aux violonistes de s'exercer. Les cordes, pincées ou frottées, n'émettent qu'un son très faible, car cet instrument n'a pas de table d'harmonie : il est idéal pour qui veut jouer la nuit sans déranger ses voisins !

LE GÉNIE AU TRAVAIL
On dit que les instruments fabriqués par Stradivarius (1644-1737) dans son atelier de Crémone, en Italie, sont parmi les meilleurs qui aient jamais été réalisés. On n'a pratiquement pas modifié les formes du violon depuis.

La forme de l'archet est identique pour le violon, l'alto et le violoncelle.

Le quatuor à cordes (deux violons, un alto et un violoncelle) est une formation classique de musique de chambre.

VIOLON
Le violon est l'instrument le plus petit et le plus aigu de la famille. On en joue en le plaçant sous le menton. Des compositeurs comme Bach et Mozart ont été séduits par la sonorité brillante que produit sa corde aiguë de *mi*.

ALTO
L'alto est comme un violon fidèlement agrandi. Ses quatre cordes sont accordées une quinte en dessous de celles du violon, et il possède une chaude sonorité de ténor. On l'utilise surtout dans les parties intermédiaires d'orchestre.

La corde la plus mince produit les notes les plus hautes.

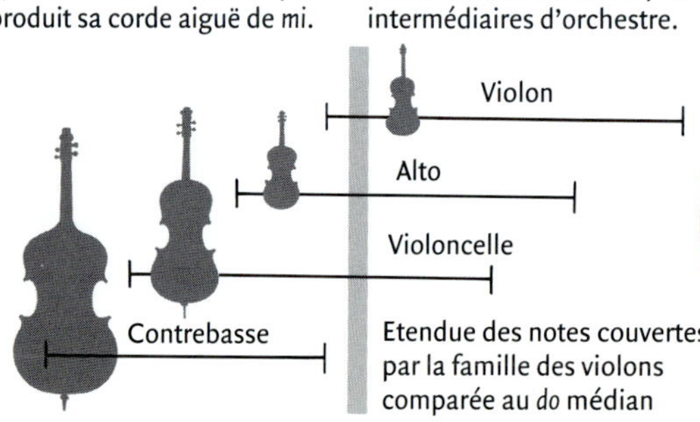

Etendue des notes couvertes par la famille des violons comparée au *do* médian

Violoncelle

Le violoncelle a un registre grave ; ses quatre cordes sont accordées une octave au-dessous de l'alto. Le violoncelliste joue assis, l'instrument reposant sur une pique en métal. C'est un instrument remarquablement expressif, la corde aiguë de la possédant une sonorité merveilleusement chantante. On en joue souvent en solo.

Contrebasse

La contrebasse est l'instrument le plus grave de la famille des cordes. Mesurant environ 1,90 m de la volute à la pique, elle se pose sur le sol et le contrebassiste en joue debout, en se plaçant derrière. A la différence des autres membres de la famille des violons, cette contrebasse a des « épaules » tombantes, comme la basse de viole (p. 29). On lui ajoute parfois une cinquième corde pour élargir l'étendue dans la grave. Pincée, la contrebasse produit un son profond, résonnant. On l'utilise de cette façon en jazz et en musique populaire comme élément de la section rythmique.

L'ART DU LUTHIER : CHAQUE PIÈCE A SON RÔLE À JOUER

Les méthodes de fabrication d'un violon n'ont guère changé depuis les tours de main traditionnels utilisés dans cet atelier du XVIIIe siècle.

Les facteurs d'instruments à cordes frottées sont appelés luthiers. Leur

art est exigeant. Le travail est presque entièrement manuel. Les bois doivent être soigneusement choisis ; la découpe, la taille, la mise en forme, la finition et l'assemblage des différentes parties nécessitent plusieurs mois. Le résultat est un véritable bijou d'ébénisterie qui répond aux moindres sollicitations du violoniste. Les vibrations des cordes se transmettent par le chevalet à la table d'harmonie qui recouvre la caisse de résonance, où elles acquièrent leur plénitude et leur puissance.

Gouge

Rabots de très petite dimension

Planchettes d'érable pour le fond

Table d'harmonie prête à être façonnée

Rainure pour insérer le filet

Filet constitué de plusieurs bois

FAÇONNAGE DE LA TABLE D'HARMONIE

Un violon est issu de planchettes découpées comme des tranches de cake dans un tronc d'arbre. Le bois doit être à la fois résistant et souple pour donner à l'instrument une sonorité brillante. On choisit un bois tendre tel que le sapin pour le dessus de la caisse (table d'harmonie), et un bois dur, l'érable, pour le fond. Bien qu'il existe parfois des fonds, et plus rarement des tables, d'une seule pièce, ces deux éléments sont en général formés chacun de deux planchettes rapportées et collées ensemble pour que le grain du bois soit également réparti. Les contours de la table et du fond sont ensuite dessinés sur ces planchettes à l'aide de gabarits, puis elles sont soigneusement découpées avec une scie fine. On travaille alors le bois avec des gouges pour lui donner la courbure des voûtes. Puis le luthier utilise une série de petits rabots pour éliminer les traces des gouges – le plus petit rabot a la taille de l'ongle du pouce. C'est un travail délicat car de très légers écarts par rapport aux dimensions souhaitées peuvent modifier la sonorité du violon. Ces pièces de bois sont légèrement bombées en leur centre, et les bords restent plats.

FINITION DE LA CAISSE

L'étape suivante consiste à creuser, autour du bord de la table d'harmonie, une étroite rainure, dans laquelle on incruste une fine lanière de bois appelée « filet », traditionnellement constituée de trois brins de bois collés ensemble, un clair encadré de deux foncés. Ce filet est certes décoratif, mais il sert aussi à empêcher le bois de se fendre. Table d'harmonie et fond sont ensuite retravaillés pour que leur surface intérieure ait la forme voulue. Une fois terminée, la table a une épaisseur d'environ 3 mm, tandis que le fond est légèrement plus épais en son centre.

Manche et volute

Le manche est fait à partir d'un bloc d'érable au bout duquel la volute est sculptée à l'aide de gouges et de scies fines. Des trous y sont forés pour les quatre chevilles d'accord en ébène, en palissandre ou en buis.

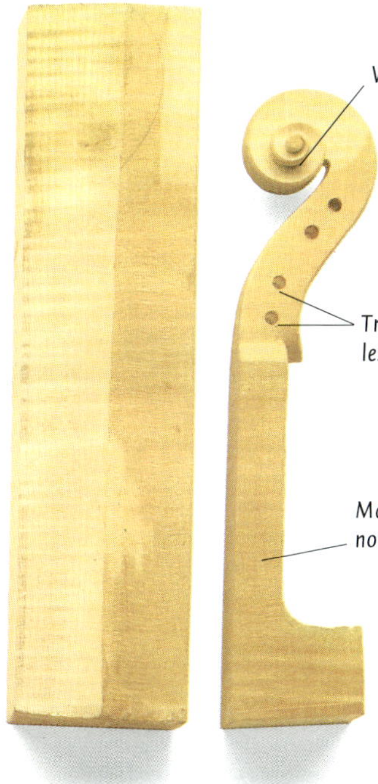

Bloc d'érable

Vernis teinté

Le vernis peut être composé de divers colorants. On peut en appliquer une douzaine de couches, voire plus, et cela peut prendre trois ou quatre mois.

Chevilles d'accord en ébène

La touche en ébène est collée en haut du manche.

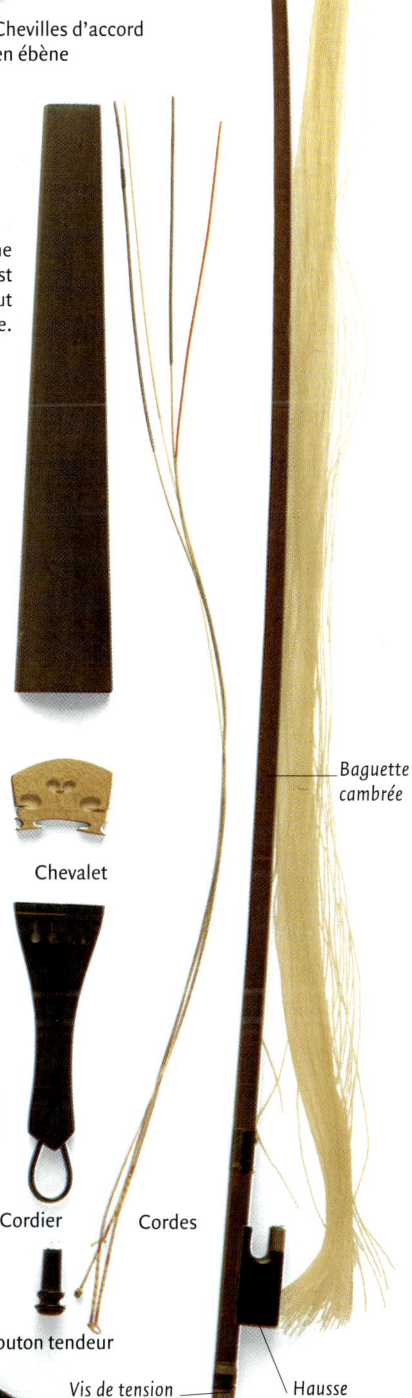

Lamelles d'érable pour faire les éclisses

Fabrication des éclisses

Les éclisses constituent les côtés de la caisse du violon et sont généralement faites de lamelles d'érable ou de sycomore. Elles sont placées autour d'un gabarit dans lequel plusieurs tasseaux de bois ont d'abord été disposés. Ces tasseaux servent à maintenir ensemble les éclisses et à les fixer à la caisse. A l'aide d'un fer à cintrer, utilisé à chaud, on fixe les éclisses aux tasseaux de manière à les rendre flexibles. Le gabarit est alors retiré et les éclisses sont prêtes à être collées au reste de l'instrument.

Caisse achevée

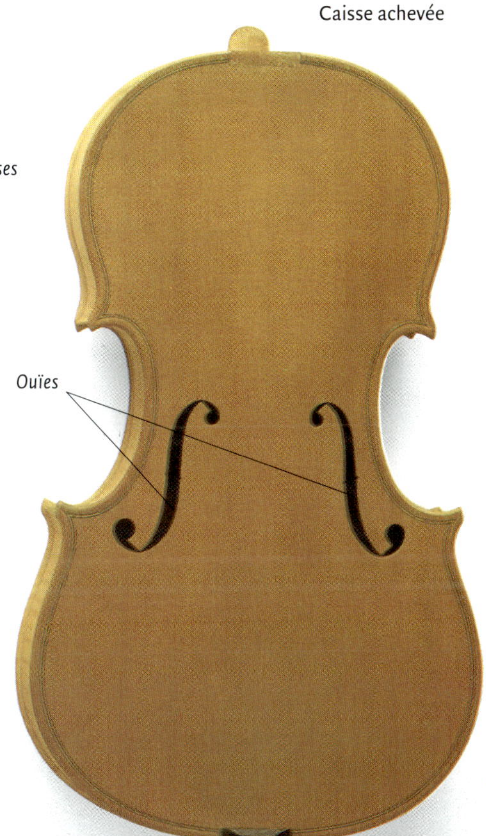

Finition du violon

Les ouïes sont découpées dans la table d'harmonie, au dos de laquelle est collée la base, une baguette de bois qui sert à répartir les vibrations provenant du chevalet. Le fond et la table sont collés aux éclisses, et l'on fixe alors le manche. Après que l'ensemble a été verni, les accessoires extérieurs (tels que la touche) sont rajoutés, et l'âme est placée sous le chevalet pour transmettre les vibrations au dos du violon. Enfin, les cordes sont montées.

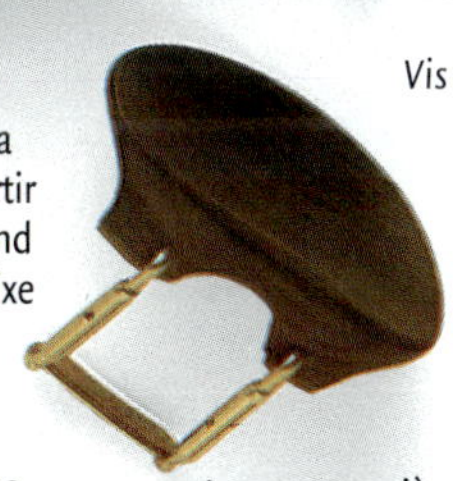

La mentonnière permet de maintenir le violon sous le menton.

L'archet

L'archet du violon comporte une mèche en crins de cheval fixée à la pointe et à la hausse. En tournant la vis de tension, on éloigne la hausse, ce qui tend le crin. On frotte le crin de colophane, pour faciliter la prise sur les cordes.

LES HARPES ET LES LYRES DÉFIENT LE TEMPS

Ce sont les instruments du bien : les anges jouent de la harpe et aucun être vivant ne résiste au charme de la lyre d'Orphée. Ils sont répandus dans le monde entier et leur origine se perd dans la nuit des temps. Cordes tendues sur un cadre, on les imagine issues de l'arc. Ce sont des instruments à cordes pincées. Chaque corde produit une note différente. La plupart du temps, elles sont accordées selon les intervalles d'une gamme donnée. La harpe de concert, à la suprême élégance, est aussi difficile à jouer que sa musique coule avec facilité : quarante-sept cordes à pincer et sept pédales sous les pieds qui modifient la hauteur de son des cordes, il y a largement de quoi s'occuper...

ART PRIMITIF
Vers 2500 av. J.-C., les Sumériens jouaient de harpes telles que celle qui est représentée sur ce bas-relief d'Our (dans l'Irak actuel).

LA LYRE DES POÈTES
La *bagana*, une lyre en forme de boîte jouée en Ethiopie et dans certains pays africains limitrophes, est une survivance de la lyre de la Grèce antique. La famille royale et les riches nobles en jouaient tout en déclamant de la poésie. Les six cordes sont accordées en tournant les baguettes que l'on voit sur la traverse supérieure, et sont pincées avec un plectre ou avec les doigts nus. Par l'intermédiaire du chevalet, les cordes transmettent leurs vibrations à la caisse de résonance recouverte de cuir.

Cadre en bois délicatement sculpté

Chevalet

Caisse de résonance recouverte de cuir et décorée de motifs gravés

CHARME MAGIQUE
Cette mosaïque du IIIe siècle provient de Tarse, en Turquie, et représente Orphée apprivoisant des animaux sauvages avec sa lyre. Dans la mythologie grecque, Orphée charmait de son instrument les dieux et les mortels. C'est par ses mélodies qu'il apaisa les divinités des Enfers, et qu'il fut autorisé à ramener sa femme Eurydice du royaume des morts, à condition de ne pas la regarder avant qu'elle n'ait atteint la surface de la terre. Mais, malgré sa promesse, Orphée ne put s'empêcher de se retourner et de jeter un regard furtif à sa bien-aimée qui aussitôt disparut dans les ténèbres.

SYMBOLE TRADITIONNEL

La harpe utilisée dans la musique occidentale est une harpe à cadre : une colonne relie la caisse de résonance à la console où aboutissent les cordes. La harpe irlandaise, avec sa colonne incurvée, est née il y a environ mille ans, et a été très populaire au Moyen Age. Cette ravissante harpe portative fut fabriquée à Dublin en 1820 par John Egan, qui l'utilisa pour faire revivre en Irlande l'ancienne tradition du jeu de la harpe. Elle a des cordes en boyau et elle est peinte aux couleurs nationales (verte avec des trèfles dorés). L'instrument a sur la colonne sept palettes que l'on actionne avec les doigts et qui permettent de modifier la hauteur des notes.

LA LEÇON DE HARPE

Ce tableau représente deux femmes apprenant à jouer de la harpe de concert, vers 1790.

Harpe

ÉPITAPHE MUSICALE

Cette peinture murale égyptienne de la tombe de Rekhmire, dans la Vallée des Rois, près de Thèbes, date de 1400 av. J.-C. Elle prouve ainsi l'origine antique de la harpe en forme d'arc.

UN BATEAU-MIROIR

Cette belle harpe et l'instrument arqué de l'ancienne Egypte, qui apparut il y a plus de 3 000 ans, sont similaires. Les harpes arquées, avec leur console incurvée, sont toujours répandues de nos jours en Afrique et en Asie, ainsi ce *saung-gauk*, instrument national de Birmanie, en bois décoré de verre et de dorures. Il possède quatre ouïes sur le dessus de la caisse, et les treize cordes sont attachées à la console. L'instrumentiste tient la harpe sur les genoux, la console vers l'avant, et pince les cordes.

Musicien
du XVIIe siècle
avec un colachon

TOUT EST AU LUTH, ICI, MONSIEUR…

Il a au moins quatre mille ans. C'est l'ancêtre commun le plus lointain de la guitare, de la mandoline, etc. Ses cordes sont pincées, son manche comporte, en général, des frettes. Mais il se distingue de la guitare par sa caisse en demi-poire et par le nombre, parfois impressionnant – treize paires –, de ses cordes. Le placement des doigts devient un exercice d'équilibre et le joueur passe, dit-on, plus de temps à accorder son instrument qu'à en jouer. Sans doute est-ce l'explication de la désuétude qui le frappe, dans la musique occidentale, depuis deux cents ans.

Luth classique du
XVe siècle, au dos bombé

SOLO TATOU

Le *charango* est un petit luth sud-américain dont la caisse est faite d'une carapace de tatou. Cet instrument a été fabriqué en Bolivie et possède cinq cordes doubles. Le tatou étant un animal protégé, la plupart des *charangos* modernes possèdent des caisses en bois.

UN ANCÊTRE ARABE

Le luth classique vient de l'*'ud*, un luth arabe qui parvint en Europe au XIIIe siècle. Cet *'ud* marocain ne date que d'une quarantaine d'années. Il a un chevillier en forme de S, une caisse plus épaisse et un manche plus étroit que le luth classique très répandu en Europe aux XVe et XVIe siècles.

RECOURBÉ EN ARRIÈRE

Les chevilliers des luths sont recourbés vers l'arrière, avec un angle plus ou moins grand. Ils ont aussi des cordes doubles.

On sèche la carapace de tatou dans un moule pour lui donner la forme voulue.

Tatou à six bandes

Cinq paires de cordes à vide « hors manche »

Six cordes doubles et deux simples

HAUTE TENSION

Ce luth baroque allemand a été fabriqué au XVIIIe siècle par Johann Christian Hoffmann, un ami de J.-S. Bach. Il s'agit d'un type particulier de luth basse, appelé théorbe, avec deux chevilliers. Sur l'un sont fixées quatorze cordes, que l'on peut presser sur une touche sans frettes, et sur l'autre, dix cordes graves « hors manche » qui sonnent à vide. On s'en servait pour jouer le continuo (basse continue et accords) dans la musique baroque de l'époque.

Un luth accompagnait souvent le chant.

Chevillier séparé pour les cordes « hors manche »

Chevillier pour les cordes normales

Poisson avec doigté

Souvent, les luths utilisés pour la musique traditionnelle, tel cet instrument inhabituel en forme de poisson, ne possèdent pas la caisse épaisse du luth classique. Voici un *rajao*, luth portugais, muni de cinq cordes simples. Il a été fabriqué au XIXe siècle à Madère.

Cinq chevilles d'accord dans la queue

Touche munie de frettes

Ouïe en forme de cœur

La caisse en forme de poisson est bien moins bombée que celle du luth classique.

Instrument de société

Cette Mongole en costume traditionnel joue du *san hsien* : c'est un luth chinois semblable au *shamisen* japonais. Le nom même de ce luth signifie « trois cordes ».

Cheville d'accord

Trois cordes de soie ou de Nylon

Eclisses en bois de santal, de mûrier ou de cognassier

Les faces supérieure et inférieure de la caisse de résonance sont en peau de chat.

Plectre en os

Sonorités russes

La *balalaïka* russe a une caisse triangulaire à dos plat, en trois cordes. Ici, le chevillier est sculpté pour former deux têtes de chevaux. Citons comme autres luths de musique traditionnelle la mandoline italienne et le *bouzouki* grec. Sur ces instruments, les musiciens jouent souvent en grattant rapidement la même corde avec un plectre.

Trois cordes

Luth

Un bien long manche

Le *shamisen* est un luth à long manche très répandu au Japon, notamment dans le théâtre *kabuki* où il accompagne les pièces traditionnelles. On accorde différemment les trois cordes selon le style de musique jouée (musique comique par exemple). L'instrumentiste utilise un plectre en os appelé *bachi* pour frapper à la fois les cordes et la membrane en peau de chat qui recouvre la caisse de résonance. Cette caisse est renforcée par du parchemin pour résister aux coups réguliers qu'elle reçoit.

L'heure du thé au Japon

Ici la cérémonie japonaise du thé est accompagnée par la musique de deux luths – le *shamisen* (à gauche) et le *biwa* au manche court (à droite). Le *biwa* est issu du *p'i p'a* chinois, introduit au Japon il y a un millier d'années.

DES CITHARES, TOUJOURS DES CITHARES...

La cithare est répandue, notamment en Afrique et en Asie du Sud-Est. Pour comprendre comment elle produit des sons, tentez l'expérience de creuser une petite cavité dans le sol, en travers de laquelle vous tendez une corde, et pincez la corde : l'air contenu dans la cavité résonne, émettant une note. Autour de ce principe, des variantes sont possibles : quels que soient le nombre et la nature des cordes, qu'on les frappe ou qu'on les pince, leurs vibrations sont transmises à un volume d'air délimité par un récipient dont les caractéristiques déterminent la nature du son produit. Les cithares sont très utilisées dans les musiques traditionnelles et populaires. Ainsi le *kin*, dans la Chine ancienne, était-il lié à la réflexion philosophique. Le jeu des cithares est simple : à chaque corde correspond une seule note. Avec deux mains, pourvu que les cordes soient en nombre suffisant, on peut jouer la mélodie et l'accompagnement.

DES CORDES EN ROSEAU
Dans cette cithare « radeau » du Nigeria, les cordes sont de fines lamelles d'écorces de roseau, découpées dans les roseaux mêmes dont on fait le radeau.

IMPORTATION ÉTRANGÈRE
D'origine occidentale, le *yo kin*, qui veut dire « cithare étrangère », fut introduit en Chine il y a seulement deux siècles. Chacun des quatorze ensembles de cordes peut donner une note grave ou aiguë selon qu'on la frappe d'un côté ou de l'autre du chevalet.

UNE LONGUE CITHARE
La musique produite par le *koto*, la cithare classique du Japon, est particulièrement expressive. Cet instrument possède treize cordes et on en joue avec les deux mains.

ANCIEN ET MODERNE
Ce *kin* est une cithare chinoise fabriquée au XIXe siècle, selon un modèle classique datant peut-être de plus de 2 000 ans. Les petits disques de nacre indiquent les positions où les doigts peuvent presser les sept cordes.

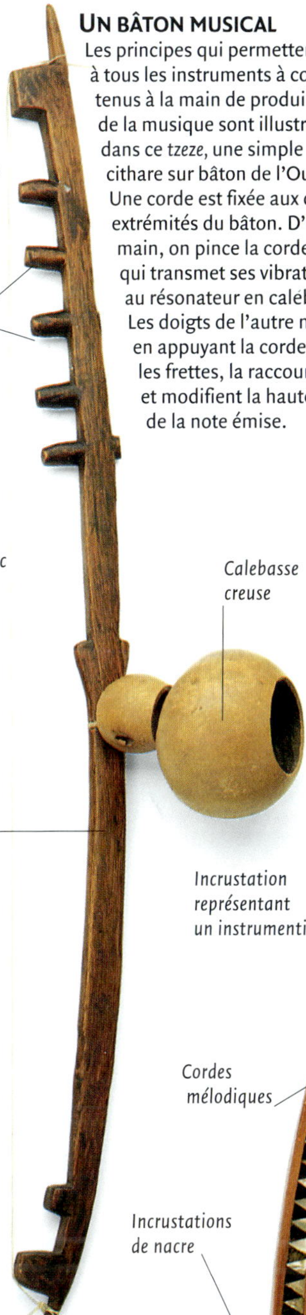

UN BÂTON MUSICAL

Les principes qui permettent à tous les instruments à cordes tenus à la main de produire de la musique sont illustrés dans ce *tzeze*, une simple cithare sur bâton de l'Ouganda. Une corde est fixée aux deux extrémités du bâton. D'une main, on pince la corde qui transmet ses vibrations au résonateur en calebasse. Les doigts de l'autre main, en appuyant la corde sur les frettes, la raccourcissent et modifient la hauteur de la note émise.

UN TUBE VIBRANT

L'île de Madagascar, au large de la côte sud-est de l'Afrique, est la patrie de ce simple tube-cithare, le *valiha*. La cithare est faite d'un morceau de bambou dans lequel on a directement découpé les cordes, lesquelles sont surélevées par de petits morceaux de bois pour leur permettre de vibrer. L'instrumentiste tient le tube verticalement, ou sous le bras, et pince les cordes tendues avec les doigts. On trouve également ce type de cithare en Asie du Sud-Est.

@ Cithare

DES PSALTÉRIONS AUX FORMES VARIÉES

Les psaltérions étaient des cithares médiévales aux formes parfois bizarres – certaines ressemblaient même à une tête de cochon –, avec des cordes de différentes longueurs. Le psaltérion est issu du *q'anum*, une cithare du Moyen-Orient qui arriva en Europe au XIe siècle.

UNE CITHARE SEMBLABLE À UN LUTH

La *bandoura*, instrument traditionnel d'Ukraine, réunit les caractéristiques de la cithare et du luth (p. 36). Il a des cordes à jouer, que les doigts peuvent presser sur la double touche, et des cordes à vide, ou bourdons, qui sont pincées pour accompagner la mélodie. Cet instrument, fabriqué vers 1945, est décoré d'incrustations et de feuilles de chêne sculptées.

Des indiennes sympathiques

Chatoiement des instruments de la musique classique en Inde et au Pakistan : aussi exotique que leurs sonorités, l'aspect de ces instruments est exquis. Soutenue, pressée par le rythme ininterrompu du tabla, la musique se tord et se love en phrases sinueuses qui semblent faire écho à la décoration ornementée des instruments qui la produisent. Même s'ils ont l'air différents, les instruments à cordes indiens sont du même type que nos luths, nos cithares ou nos violons. Leur richesse sonore est due à la présence de cordes sympathiques, indépendantes des cordes principales, qui ne sont ni pincées ni frottées, mais qui vibrent spontanément, par résonance indirecte lorsque les autres cordes sont jouées. La vibration « par sympathie » enrichit la sonorité des cordes principales et leur communique un timbre particulier.

Un joueur de *vina*

Musique de fruits

La *vina* ressemble à une version élaborée de la cithare sur bâton (p. 39), mais c'est en fait une sorte de luth. Cet instrument du XIXe siècle, avec ses deux calebasses décorées, est une *vina* du nord de l'Inde connue sous le nom de *bin*, et elle est traditionnellement associée à la déesse du Savoir, Saraswati. Quatre des sept cordes sont pressées par les doigts sur de hautes frettes montées sur le tube de bambou décoré. La mélodie produite est ponctuée en pinçant les trois cordes latérales.

Notes élevées

On peut jouer de la *vina* tout en la tenant sur l'épaule.

CHANT D'OISEAU
Ce *sitar* du XXe siècle est une sorte de grand luth et possède sept cordes principales qui passent sur des frettes métalliques arquées, ce qui permet à l'instrumentiste de tirer les cordes sur le côté, donc d'infléchir les notes pour produire des sons sinueux.

LA SONORITÉ DE L'INDE
Popularisé en Occident par Ravi Shankar et par d'autres musiciens indiens célèbres, le *sitar* est devenu le plus connu de tous les instruments de l'Inde. De ce fait, la silhouette du joueur de *sitar*, assis sur le sol, est une image familière.

Chevilles d'accord en bois

COURANTS SOUS-JACENTS
Comme le *sitar*, qu'il accompagne dans la musique indienne classique, le *tâmpûrâ* est un grand luth. Sous le flot de mélodie tournoyante du *sitar*, le *tâmpûrâ* joue un bourdon persistant. Les silhouettes peintes représentent Rama et sa femme Sita, personnages d'un ancien poème hindou.

Chevalet en ivoire

Les chevilles d'accord sont placées tout le long du manche.

FIER COMME UN PAON
Ce magnifique instrument est un *dilruba*, dont on joue avec un archet. Il a la caisse du *sarangi*, mais le manche et les cordes le rapprochent du *sitar*. La caisse de résonance a la forme d'un paon. On l'appelle *mayuri* ou *ta'us* – mot qui veut dire « paon ». Les *sitars* paons ont contribué à la splendeur des cours princières de l'Inde.

Des plumes de paon décorent l'instrument.

Pour remplacer les cordes, on peut faire basculer le cou du paon.

Caisse de résonance décorée

Ce musicien joue d'un instrument analogue au *sarangi*.

Caisse en forme de 8 faite d'un seul bloc de bois

Inde

VIOLON INDIEN
Cette version indienne du violon est le *sarangi*. On tient sa caisse trapue verticalement, et on en joue avec un archet. Des cordes sympathiques passent à travers les trous de la large touche.

La guitare a conquis le monde

On associe la guitare classique à l'Espagne, au point que, souvent, on l'appelle « guitare espagnole ». C'est l'unique instrument mélodique du flamenco, cet extraordinaire folklore andalou fait de chants et de danses endiablés. On pense qu'elle dérive de l'*'ud* et qu'elle s'est répandue en Espagne depuis l'Afrique du Nord. Dès le XVIIe siècle, on la trouve dans toute l'Europe. Aujourd'hui, la guitare, acoustique ou électrique, a conquis le monde et tient une place essentielle dans les musiques populaires dites « folk » ou « rock » d'Europe et d'Amérique.

Sur ce tableau représentant un guitariste espagnol du XIXe siècle, on voit déjà l'instrument dans sa forme actuelle.

La guitare classique

Voici la forme traditionnelle de la guitare, souvent appelée « guitare espagnole ». Elle a six cordes, généralement en Nylon, et un manche large. Cette forme date du milieu du XIXe siècle, et fut portée à sa perfection par un charpentier espagnol nommé Antonio de Torres Jurado, dit Torres. Les guitares utilisées en musique populaire ont généralement une plaque de protection fixée à la caisse pour la protéger quand on s'en sert comme instrument de percussion avec les doigts.

Guitare à fond galbé avec plaque de protection

Guitare classique

Fabrication de la caisse

La partie la plus importante d'une guitare est la table d'harmonie – partie supérieure de la caisse de résonance située sous les cordes. Elle est faite de deux morceaux de résineux, épicéa ou cèdre d'Amérique du Nord (qui sont collés ensemble, puis découpés et mis en forme), ou bien de couches de contreplaqué. Pour renforcer cette table, des barres sont collées obliquement à l'intérieur selon un dessin qui est essentiel, car il détermine la sonorité de la guitare. Les côtés, ou éclisses, sont faits de bandes de bois de rose, de noyer, d'acajou, d'érable ou de sycomore. Ces bandes sont chauffées et mises en forme dans un gabarit. Des tasseaux de bois et des renforts sont fixés du côté intérieur des éclisses pour parfaire les liaisons avec la table et avec les autres parties.

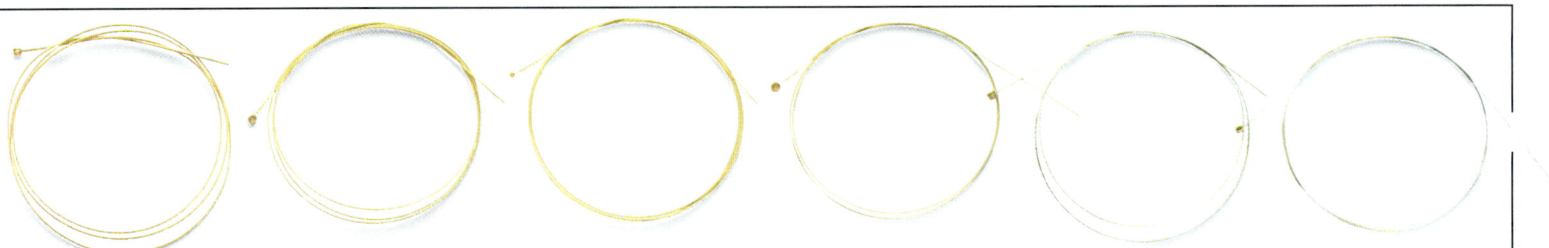

LES CORDES D'UNE GUITARE
Les cordes de guitare, traditionnellement en boyau, sont faites de nos jours en Nylon ou en acier. Les cordes en Nylon (ci-dessus) sont employées pour les guitares classiques, tandis que les guitares utilisées en musique populaire sont tendues avec des cordes en acier. La tension nécessaire des cordes dépend du jeu de l'instrumentiste.

COMMENT PINCER LES CORDES
Nombre de guitaristes jouent simplement du bout de leurs doigts ou de leurs ongles, mais d'autres préfèrent tenir un plectre (à gauche) ou employer un onglet qui s'adapte au doigt ou au pouce (à droite).

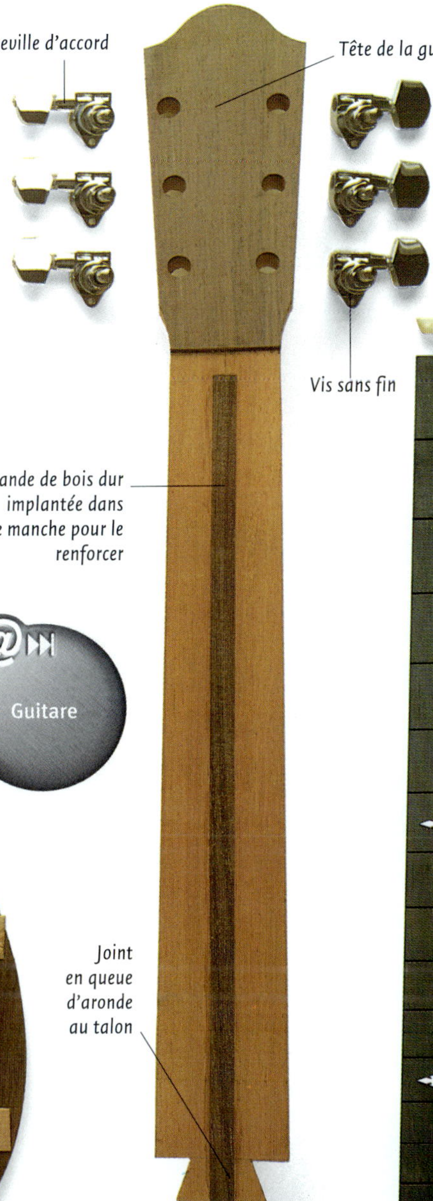

TÊTE DE LA GUITARE
On accorde la guitare en tournant les vis sans fin qui modifient la tension des cordes.

Guitare

MANCHE
Le manche, vu ici de dessous, est d'habitude en acajou ou en cèdre.

POUR TERMINER LA CAISSE
Le dos de la caisse (ci-dessus) est généralement fait du même bois que les éclisses, mais la qualité du bois est moins importante que pour la table (Torres fabriqua même une guitare entièrement faite de papier mâché, à l'exception de la très importante table d'harmonie ; son instrument surprenait les auditeurs par sa bonne sonorité). Le manche est ensuite ajusté à la caisse grâce à un tasseau de renfort et par un montage en queue d'aronde, puis le dos est collé. Un filet décoratif en bois ou en plastique protège les bords supérieurs et inférieurs arrondis de la caisse.

TOUCHE ET CHEVALET
On utilise traditionnellement l'ébène pour fabriquer la touche et le chevalet de la guitare.

Préludes aux pianos

La maîtrise de cordes nombreuses, comme celles d'une cithare (p. 38), peut mettre en échec la dextérité de dix doigts. Les claviers, apparus dès l'Antiquité avec les ancêtres de nos orgues, furent adaptés à certains instruments à cordes vers le XIe siècle. Au XVe siècle se répandent les claviers à cordes pincées, tels que le virginal, l'épinette ou le grand clavecin. Mais ceux-ci souffrent d'une autre limite : quelle que soit la force avec laquelle la touche est frappée, le volume sonore émis par la corde pincée reste à peu près le même. Dans le piano, les marteaux transmettent aux cordes l'exacte vigueur avec laquelle est frappée la touche qui les actionne : l'interprète produit à sa guise des sons faibles ou forts, « piano » ou « forte ».

VIRGINAL PEINT
Ce tableau du XVIIe siècle du peintre hollandais Vermeer représente une jeune femme assise au clavier d'un virginal. Son instrument est magnifiquement décoré, et le couvercle entrouvert découvre un paysage peint. La forme du meuble indique que les cordes de ce virginal sont pratiquement parallèles au clavier.

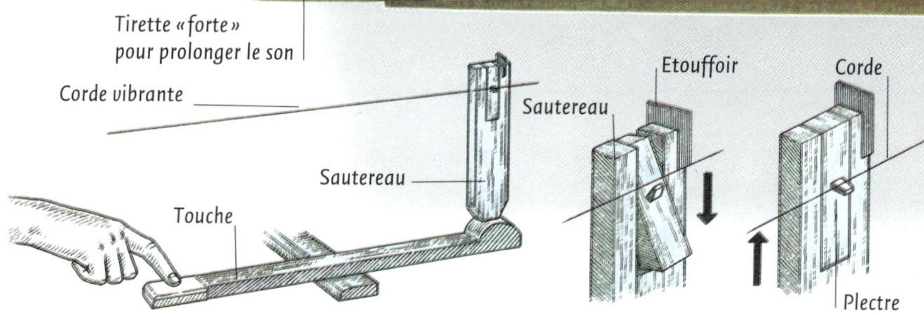

SI ON ENFONCE UNE TOUCHE
Quand on enfonce la touche d'une épinette, d'un virginal ou d'un clavecin, on soulève un sautereau en bois muni d'une plume ou d'un plectre qui pince la corde.

QUAND LA TOUCHE REMONTE
Le plectre bascule et s'écarte de la corde tandis que l'étouffoir remonte.

Une solution raisonnable

Irrité par le clavecin, le compositeur français François Couperin émit le vœu que quelqu'un « par l'exercice d'un art consommé, rende cet instrument capable d'expression ». Bartolomeo Cristofori répondit à ce défi en mettant au point vers 1709 le pianoforte, qui utilisait des marteaux pour frapper les cordes, permettant ainsi aux doigts de nuancer le volume sonore. Cristofori inventa en même temps nombre de particularités du piano. Les pianos carrés, tel cet exemplaire anglais de 1773, furent bientôt en vogue dans les foyers.

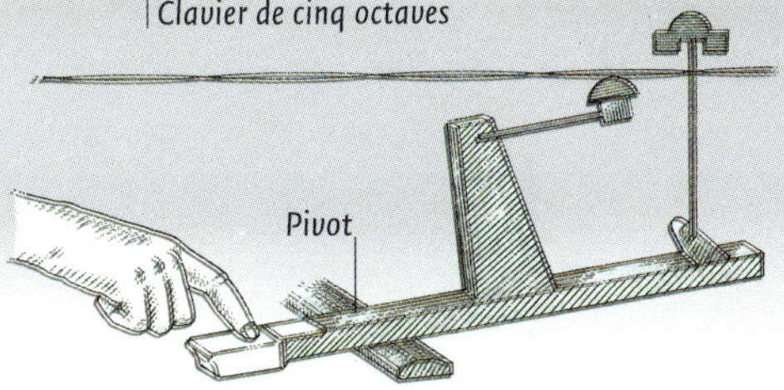

Comment vibre la corde d'un piano

En enfonçant la touche, on soulève à la fois le levier muni du marteau qui frappe la corde, et l'étouffoir qui libère la corde.

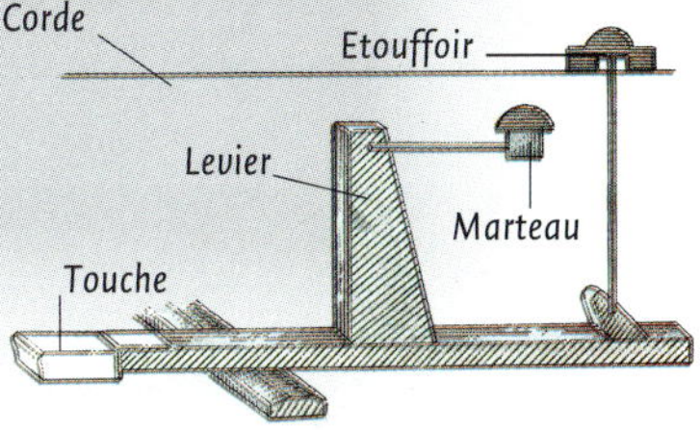

Pour étouffer la corde

La corde résonne avec une ampleur qui dépend de la force exercée sur la touche. Elle continue à émettre un son jusqu'à ce que la touche soit relâchée. Alors l'étouffoir retombe et arrête la vibration de la corde (le mécanisme décrit ci-dessus est très simplifié).

@ Piano

Posés sur une table

Cette ancienne épinette a été fabriquée en Italie en 1552. On donna souvent le nom de virginal aux premiers instruments à clavier, bien que le virginal proprement dit eût une caisse rectangulaire. Ces claviers, que l'on posait sur une table, étaient jadis très prisés. Ici le chapiteau (barre posée par-dessus la rangée de sautereaux) a été enlevé pour montrer le mécanisme.

Franz Liszt, en 1824

SA MAJESTÉ LE PIANO

Le piano offre au soliste des possibilités qu'aucun autre instrument n'approche. Une note différente sous chaque doigt et, pour chaque note, la plus grande plage d'intensités ; telles sont, en résumé, les caractéristiques qui font toute la richesse expressive du piano. Le répertoire classique est immense, pour piano solo aussi bien que pour piano et orchestre. Musique populaire et jazz lui ont aussi fait la plus belle part, au premier plan comme à l'accompagnement. Autant dire que le piano est partout. La moindre salle de spectacle, la moindre école se doivent d'en posséder un, et c'est également un instrument très répandu dans les familles européennes. La plénitude et le volume sonore d'un piano à queue sont généralement supérieurs à ceux du piano droit.

UN PIANO DANS LE SALON
Le piano était très répandu au siècle dernier, avant que le Gramophone et la radio n'apportent la musique à domicile. On se rassemblait souvent autour d'un piano pour chanter ensemble, et les auberges le mentionnaient dans leur publicité, comme le font maintenant les hôtels pour la télévision numérique.

UNE FORME PRATIQUEMENT INCHANGÉE
Ce piano à queue de 1878 possède une décoration originale, mais la forme générale de l'instrument n'a guère changé depuis son invention vers 1709. La caisse est conçue pour loger les grandes cordes en acier ; elle s'incurve pour s'adapter à la taille décroissante des cordes aiguës.

Les notes graves ont une seule grosse corde filée de longueur à peu près égale à celle du registre médian.

Meuble en bois

Table d'harmonie en épicéa (spruce) ou en bois similaire

Les notes aiguës ont chacune trois cordes pour accroître leur sonorité.

HAUTE TENSION
Actuellement, tous les pianos ont un cadre en fer qui permet aux cordes une forte tension. Quand on enfonce une touche, un marteau recouvert de feutre frappe la ou les cordes correspondantes, qui entrent en vibration. La table d'harmonie amplifie les sons émis par la corde. La sonorité particulière du piano est due, en grande partie, à l'attaque de la corde par les marteaux.

Clavier de quatre-vingt-huit notes (sept octaves un quart)

Le mécanisme du piano comporte un système complexe de leviers qui actionnent les marteaux et les étouffoirs.

Marteaux dont l'extrémité est recouverte de feutre

Chevilles d'accord

La pédale douce actionne le levier qui rapproche les marteaux des cordes.

Piano

La pédale forte lève les étouffoirs au-dessus des cordes afin de prolonger le son.

Chaque note du registre médian a deux ou trois cordes.

La tension de l'ensemble des cordes sur le cadre en fer atteint 18 tonnes.

DES CHOCS TOUT EN NUANCES

A priori, les percussions sont des instruments faciles à jouer : vous les secouez ou vous les frappez et vous obtenez des sons assez peu différents de ceux que leur arrache un expert. Ce n'est qu'une apparence, car les percussions doivent s'intégrer dans les formations instrumentales auxquelles il leur faut, généralement, imprimer un rythme sans sortir du rôle qui leur est assigné. Une cymbale frappée trop fort produit un bruit distordu, incongru dans le concert. Il faut savoir mesurer sa frappe.

Comme les autres instruments, les percussions font vibrer l'air qui les entoure ou qu'ils contiennent. Ainsi, la peau du tambour fait résonner l'air qui se trouve dans la caisse qu'elle recouvre. Plus elle est tendue ou plus le tambour est petit, plus la note produite est élevée. Les timbales d'orchestre sont accordées pour émettre des notes précises – rappelez-vous les quatre notes de l'indicatif de « Ici Londres », l'émission destinée à la France occupée, pendant la Seconde Guerre mondiale, reprises du thème de la *Cinquième Symphonie* de Beethoven.

Les bords de la cymbale vibrent si vite qu'ils en deviennent flous.

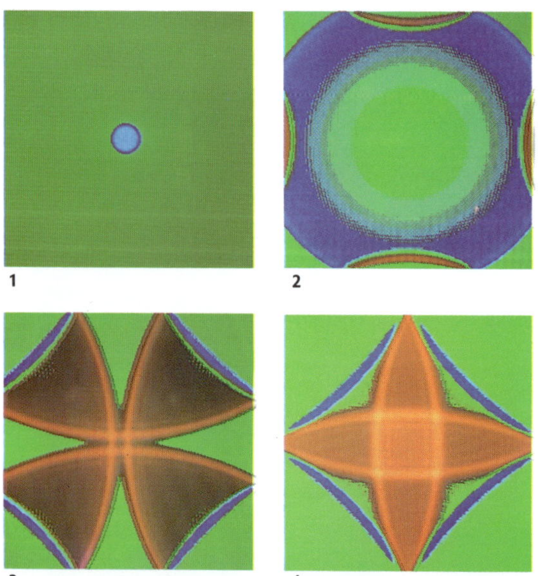

COMME UNE PIERRE JETÉE DANS L'EAU

Pour provoquer la résonance des instruments à percussion, il faut frapper leur surface qui vibre alors suivant un schéma complexe. La série d'images figurée ici a été produite par un ordinateur pour représenter le schéma des vibrations à travers une peau tendue, telle que le haut d'un tambour. L'ensemble de cette série ne dure qu'une fraction de seconde. Le vert indique le niveau initial de la peau ; le bleu indique les parties de la peau qui passent sous ce niveau et le rouge, les parties qui passent au-dessus. Dans la première image, le centre est frappé. Une onde se propage en cercles, comme les rides que fait une pierre jetée dans l'eau. Cette onde est réfléchie par les bords de la peau qui est fixée au pourtour du tambour, produisant divers schémas de vibrations. Ces schémas deviennent de plus en plus complexes au fur et à mesure que les ondes courbes s'entrecroisent, avant de se réfléchir à nouveau sur le pourtour.

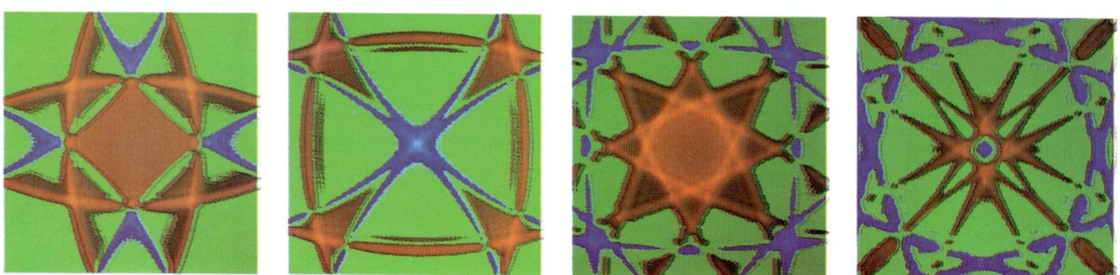

@ Percussions

Mince disque de bronze soutenu en son centre

DE BONNES VIBRATIONS

Une cymbale simple est un mince disque de bronze soutenu en son centre pour permettre à ses bords de vibrer librement. La cymbale se frappe avec une petite baguette. L'impact provoque de légères distorsions du disque métallique mais, du fait de sa flexibilité, celui-ci revient immédiatement à sa position initiale et renvoie ces distorsions sur toute sa surface, de la même façon qu'une peau de tambour (à gauche). Il faut un certain temps pour que ces vibrations s'évanouissent. Quand on frappe la cymbale en plusieurs endroits, on obtient des sons différents, parce que l'on met en action des schémas de vibrations différents.

Tambour africain que l'on suspend au cou

DU RYTHME JAILLIT LA VIE

D'où les musiques rythmées tirent-elles l'énergie qui incite leurs auditeurs à frapper dans leurs mains, à battre la mesure avec le pied, à se balancer en cadence ? Ces ébauches de danse font d'ailleurs partie du jeu de certains des instruments que l'on agite, frappe ou gratte dans un mouvement de tout le corps : tambourins, grelots ou maracas. Ces instruments ne sont pas toujours entièrement dédiés à la musique : leur rôle est fondamental pour certains rituels religieux ; quant aux tambours et tam-tams, ils ont toujours eu une fonction de signalisation et de transmission.

Tambour-hochet indien

Tambour-hochet chinois

SECOUEZ, GRATTEZ ET ROULEZ

Ces petits tambours sont mi-tambours, mi-hochets. Quand on en fait tourner le manche vigoureusement, les boules fixées au bout des cordes s'agitent et frappent les peaux des tambours avec un son de crécelle. On peut utiliser des perles de verre, des boulettes de cire ou simplement des nœuds sur les cordes. Ce *t'ao-ku* chinois avec ses cinq tambours date d'environ 3 000 ans. L'autre instrument vient de l'Inde. Ces tambours-hochets, fréquemment utilisés en Asie, servent de jouets ou permettent aux vendeurs ambulants d'attirer l'attention.

Percussions

Jeune garçon jouant sur une paire de tambours coniques africains

Fût en bois incrusté d'écaille et de nacre

On frappe la peau avec les doigts ou avec un bâton recourbé.

TAMBOUR À BOIRE

Les tambours en gobelets, avec seulement une peau sur le dessus, sont très répandus dans les pays arabes. Celui-ci est une *darabukka* égyptienne. Le « gobelet » est fait en céramique ou en bois. On le frappe en son centre et sur les bords avec les deux mains.

POUR RYTHMER LA DANSE

Ce tambour rappelle le *tabor*, très courant dans l'Europe médiévale, et qu'on utilisait souvent pour rythmer les danses. Le musicien frappait avec une baguette la peau supérieure, et jouait en même temps d'une flûte tenue dans l'autre main.

TAMBOUR DE MARCHE

Les orchestres militaires comportent de nombreux tambours qui produisent un rythme régulier sur lequel les soldats peuvent marcher au pas. Le tambour est attaché par des courroies au corps de l'instrumentiste, pour lui permettre d'en jouer tout en marchant.

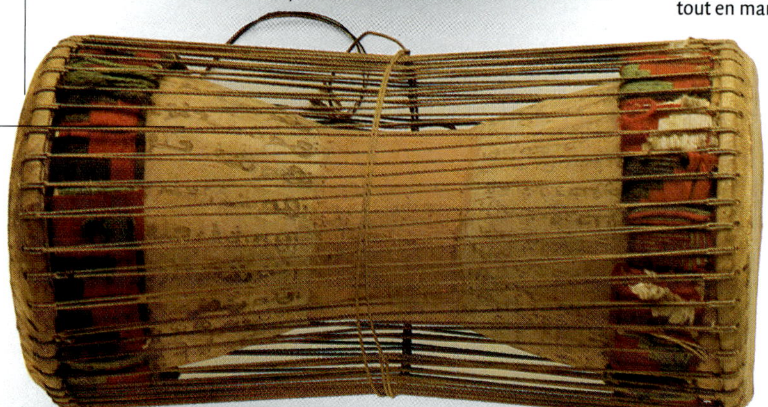

En pressant les cordes, on accroît la tension des peaux dans les deux têtes, ce qui élève les notes.

DES MOTS PERCUTANTS

Ce *kalungu* du Nigeria est un tambour « parleur » qui a la réputation de pouvoir imiter les sonorités du langage. En pressant les cordes de ce tambour en forme de diabolo, l'instrumentiste peut élever ou abaisser la note produite. Le tambour émet ainsi les sons d'un langage africain tonal.

S'ACCROCHER AUX CORDES

Le *tsuzumi* est un petit tambour en forme de sablier, très répandu au Japon. Les cordes qui relient les têtes de grand diamètre peuvent être resserrées ou détendues par les mains afin de changer la note émise.

Sonnailles

Il suffit de secouer une sonnaille pour qu'elle émette un son. De nombreuses cultures utilisaient les sonnailles dans les cérémonies rituelles. Certaines sonnailles ne sont que des colliers d'objets petits et durs tels que des coquillages ; d'autres sont faites de cailloux, de perles ou de graines enfermés dans un récipient.

À l'extérieur
Ce hochet nigérian a des chapelets de petites billes fixées à l'extérieur de la calebasse.

Secoue-tête
Sculpté en forme de crâne humain, ce hochet de bois macabre vient d'Amérique du Nord.

Force motrice
Le *tabla* est l'une des deux percussions qui soutiennent le *sitar* et le *tâmpûrâ* (pp. 40-41) dans la musique indienne. Le joueur de *tabla* frappe avec ses doigts le centre de la peau, tout en contrôlant la hauteur de la note par la pression de la paume de la main.

Un hochet sur un bâton
Des écorces de fruits remplies de cailloux et montées sur un long bâton forment ce hochet d'Afrique du Sud.

Bidon musical
Traditionnellement, le *steel drum* («tambour d'acier») des Antilles est fait à partir d'un fût de pétrole. Au lieu d'une peau tendue, on utilise une cuvette métallique sur laquelle ont été délimités plusieurs panneaux qui, lorsqu'on les frappe, donnent chacun une note différente. Un orchestre comprend plusieurs «bidons» différents.

On frappait le *nungu* avec un bâton recouvert de peau, appelé *kapchen*.

Sonnaille métallique

Nungu

Grelots magiques
Ce tambour inhabituel, vu de dessous, est un *nungu* de Sibérie. Les éléments bizarres qui pendent du cadre sont appelés *kungru*, et tintent quand on frappe le tambour, comme dans un tambourin. Le *nungu* était utilisé par un chaman, un prêtre dont les pouvoirs magiques dépendaient du nombre de *kungru*. La peau du tambour est décorée de motifs rouges qui représentent les mondes supérieur et inférieur. Un tambour dans lequel une peau est tendue sur un simple cadre ouvert, comme sur celui-ci, s'appelle un tambour-sur-cadre.

UNE BATTERIE D'ENFER

Quoi de plus passionnant qu'un batteur de jazz, comme assis sur un ressort derrière son attirail étincelant, les quatre membres en perpétuelle agitation et qui imprime son rythme à toute la formation ? La batterie représentée ici est l'outil de base du batteur. Elle peut accueillir beaucoup d'autres instruments. Certains ensembles sont équipés de deux grosses caisses, une à chaque pied ! Le jeu de batterie exige une énergie peu commune, mais aussi une stupéfiante coordination gestuelle, car il faut souvent jouer de plusieurs instruments, en même temps et sur des rythmes différents : charleston d'un pied, grosse caisse de l'autre, « ride cymbal » d'une main, caisse claire de l'autre, etc.

CYMBALES CHARLESTON
Il s'agit d'une paire de cymbales sur pied : quand on appuie sur la pédale, elles se ferment en produisant un bref « clash ». Le batteur peut aussi faire sonner la cymbale supérieure en la frappant avec ses baguettes, puis utiliser la pédale pour l'amortir.

« CRASH CYMBAL »
Cette cymbale, comme son nom le suggère, produit un « crash » sonore quand on la frappe avec une baguette ; elle peut être employée pour souligner un climat dramatique dans un morceau de musique. La *crash cymbal* est suspendue à un pied réglable.

CAISSE CLAIRE
Au travers de la base de cette caisse se trouve un ensemble de fils tendus (non visibles ici), appelés timbres (p. 57). Quand on la frappe, les timbres vibrent contre la peau inférieure, ajoutant un bref craquement au son de la caisse. Un levier permet d'enlever le timbre.

RICHE ET CÉLÈBRE
Penché sur sa batterie, le batteur de jazz Buddy Rich conduit son orchestre avec une incroyable énergie. Rich commença à jouer à l'âge de dix-huit mois, quand ses parents l'inclurent dans leur numéro sur scène. Il fut batteur toute sa vie, passant ses vingt dernières années à diriger son grand orchestre qui ne manquait certes pas de vitalité !

PRIS SUR LE FAIT
Lorsque cette photo fut prise, le batteur jouait un roulement rapide sur quatre tom-toms placés au-dessus d'une paire de grosses caisses. Grâce à un appareil photo muni d'un flash et d'un système de déclenchements à répétition, on peut voir ici les baguettes en action et le jeu régulier du batteur.

« RIDE CYMBAL »
Cette cymbale est souvent frappée avec une baguette pour produire un rythme de cavalcade. *Ride* signifie « aller à cheval ».

Cet étouffoir réglable contrôle la durée du son.

DEUX TOM-TOMS
La grosse caisse est surmontée de deux tom-toms, ou « tom s ». Ces petits tambours donnent des notes aiguës et relativement feutrées. Ils n'ont qu'une seule peau, qui peut être humidifiée.

TOM SUR TRÉPIED
Ce grand tom-tom produit une note résonnante grave. Le batteur peut utiliser des mailloches pour jouer sur les tom-toms, ou les frapper avec la paume de ses mains.

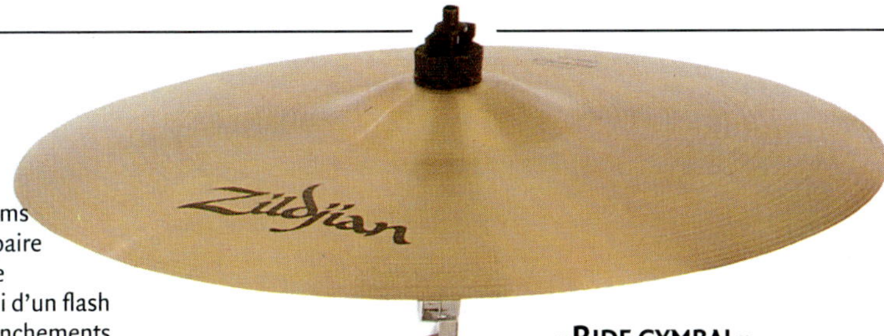

Baguette

Mailloche

Balai en fil d'acier ou de plastique raide

BAGUETTES ET BALAIS
Les batteurs utilisent surtout des baguettes, des balais ou des mailloches pour jouer sur les caisses et les cymbales. Les baguettes et les mailloches donnent des sons plus bruyants que les balais.

GROSSE CAISSE
La grosse caisse est posée sur le flanc, et l'on en joue grâce à une pédale reliée à une mailloche rembourrée de feutre. Elle émet un « boum » bref et profond.

Pédale de grosse caisse

Pied recouvert de caoutchouc pour éviter tout dérapage

Des percussions qui dévalent la gamme

Même si la gamme de notes qu'ils peuvent faire entendre est limitée, les instruments de percussion font autre chose que du bruit. Un ensemble de cloches de dimensions variées constitue un carillon ; chaque cloche y est accordée à une hauteur précise. Les carillons de nos clochers constituent, sans doute, les plus grosses percussions du monde. À l'autre bout de l'échelle, on trouve la famille des xylophones, faits de barreaux ou de lamelles, métalliques ou en bois, et dont le jeu combine rythmique et mélodie.

Deux tons

Cette cloche double provient d'Afrique occidentale. Elle est en métal recouvert de tissu. Les cloches produisent deux notes différentes quand on les frappe avec le battant en bois.

Carillons chinois

A l'âge de pierre, les carillons étaient faits de plaques de pierre. Ici figure un *po-chung* chinois. Cette cloche fait partie d'un carillon, un ensemble de cloches suspendues à un cadre et que l'on frappe avec un bâton. Considérées comme des symboles de fertilité, les cloches étaient autrefois utilisées lors des cérémonies dans les temples. On frappait des notes différentes selon les saisons.

Carillon de gongs de Birmanie

Les gongs

A la différence d'une cloche, qui produit le maximum de vibrations quand elle est frappée sur son pourtour, le gong est suspendu par son pourtour et frappé en son centre. La vague de vibrations part de la bosse centrale vers les bords du gong. Bien que dans la musique orchestrale il se borne parfois à produire un signal – ne fût-ce que pour dîner – son « boum » peut être sinistre. Les gongs sont répandus dans l'Asie du Sud-Est, et ce spécimen décoré d'animaux fantastiques vient de Bornéo. On joue souvent d'un ensemble de gongs, comme les gongs de Birmanie, disposés en demi-cercle.

Clochettes

Les clochettes sont répandues depuis le XIIe siècle. Ces deux exemples viennent d'un ensemble de clochettes, chacune étant accordée selon une note différente de la gamme. Ces clochettes contiennent un battant qui frappe le pourtour, le faisant vibrer avec un « clang ». Des ensembles de sonneurs en jouent en les agitant dans un ordre précis.

Temple block aigu

Temple block médium

Poissons en bois sculpté

Temple block grave

Battes

Prières continuelles

D'origine chinoise, ces instruments sont appelés des *mu-yus*, ce qui signifie « poissons de bois ». Sculpté pour ressembler à des poissons, le *mu-yu* symbolise la prière permanente, parce que le poisson semble ne jamais s'arrêter pour dormir. On les appelle aussi *temple blocks*.

Tordeur de languettes

Nombre d'instruments d'Amérique centrale et du Sud proviennent d'Afrique, comme ce piano à pouces, appelé *mbiza* ou *sanza*. On en joue en faisant vibrer avec les pouces les languettes métalliques, dont les longueurs différentes donnent des notes différentes. La caisse en forme de bateau et la tête sculptée sont typiquement d'Afrique occidentale, et pourtant cet instrument provient des régions supérieures de l'Amazonie.

Orchestre de percussions

Les gamelans d'Indonésie produisent une sonorité merveilleuse. Un gamelan est un orchestre composé surtout d'instruments de percussion, chacun exigeant une grande virtuosité. Il comprend des ensembles de gongs et de métallophones, qui ressemblent à des xylophones, mais munis de barres de bronze fixées dans des cadres décorés.

@ Carillon

La barre de bois suspendue par des cordes tendues est frappée avec une baguette.

Le résonateur en calebasse amplifie le son de la barre.

Disque de bronze délicatement travaillé

En suspension

L'*ilimba* du Zimbabwe est utilisé dans les rituels de chasse : quand on a tué un animal, on frappe l'*ilimba*. Bien qu'il ne produise pas vraiment de musique, il démontre comment le xylophone (à droite) et les instruments de percussion accordés de façon similaire produisent un son. Une barre de bois est suspendue au-dessus d'un récipient ou d'un tube ouvert. Quand on frappe la barre, elle vibre, et ces vibrations font résonner l'air situé dans le récipient avec une sonorité creuse qui amplifie le son.

Joueur de xylophone d'Afrique occidentale transportant son instrument à l'aide d'une courroie passée autour du cou

Comme un bourdonnement

Ce *balangui* (ou *balafon*) du Sierra Leone, en Afrique occidentale, est un xylophone (« son de bois » en grec). Sous les barres de bois sont situées des calebasses creuses avec de petits trous sur les côtés, recouverts de membranes faites d'un fragment de cocon d'araignée. Les membranes ajoutent un « buzz » au son du xylophone.

Cling crac boum

Les bruits sont des sons résultant de vibrations aléatoires. Ils ont pourtant leur place dans toutes les musiques : mains frappées qui marquent le rythme dans la musique populaire, percussions orchestrales n'émettant pas de notes de hauteur définie, coups frappés sur la caisse d'une guitare. Les instruments représentés ici appartiennent à cette famille de « bruiteurs » destinés à soutenir le rythme des mélodies. La majorité d'entre eux provient des Amériques centrale et du Sud. On les secoue, on les frappe, on les gratte. Ils sont propres à créer toutes sortes d'atmosphères : quoi de plus dramatique qu'un vrai roulement de tambour ?

Roue dentée

Lamelles

Le crépitement de la poudre à canon

En tournant la manivelle de cette crécelle, la roue dentée frappe les languettes de bois avec un crépitement bruyant. Beethoven employa une crécelle pour simuler une fusillade dans sa *Symphonie héroïque*.

Billes d'acier

Hochet d'acier

La *cabaca* (prononcez « cabassa ») est un hochet sud-américain présentant des billes d'acier enfilées à l'extérieur.

Sifflet de police

Sifflet de locomotive

Petits coups de sifflets

Un percussionniste peut souligner un rythme en émettant de brefs coups de sifflet perçants, tandis que ses mains jouent d'un autre instrument. Les sifflets produisent aussi des effets sonores : par exemple le sifflet à trois notes (à droite) sonne comme celui d'une locomotive.

Graines et billes

Les maracas sont une paire de hochets qui viennent d'Amérique du Sud. Elles sont composées traditionnellement de calebasses creuses contenant des graines, mais peuvent aussi être faites en bois puis remplies de billes. On en tient d'habitude une dans chaque main.

Graines à l'intérieur de l'écorce creuse

Un shaker particulier

Dans les orchestres, de nombreux percussionnistes utilisent des shakers : ce sont des tubes creux contenant des billes (comme dans les maracas), que l'on secoue vivement en rythme. Certains petits shakers peuvent être placés entre les doigts pendant que l'on joue d'un autre instrument.

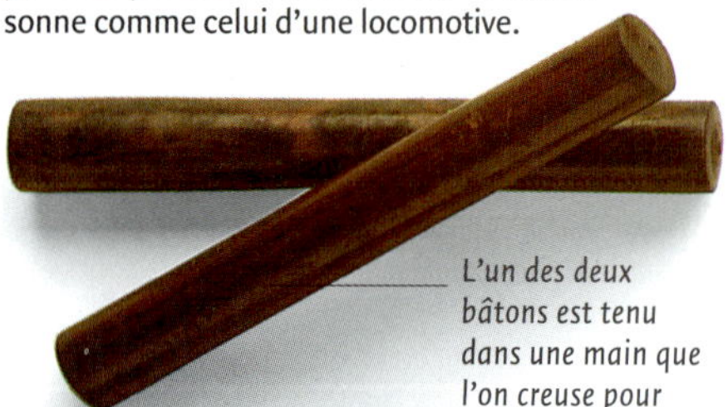

L'un des deux bâtons est tenu dans une main que l'on creuse pour faire caisse de résonance.

Percussion cubaine

Ces courts bâtons de bois sont appelés *claves* et proviennent de Cuba. On les frappe l'un contre l'autre pour obtenir un bref « crac ». En dépit de la simplicité apparente, il est difficile d'obtenir un rythme parfait.

Sonnailles montées dans une fente du cadre

Le tambourin

C'est un petit tambour muni de sonnailles dans son cadre. Il est souvent décoré de rubans, et peut être tenu et secoué pendant que l'on danse. Le danseur tape sur le tambourin avec ses doigts, et le secoue ou le cogne contre son corps. Un autre effet possible est un roulement obtenu en glissant le pouce mouillé le long du pourtour. Dans son ballet *Petrouchka*, Stravinsky demande au percussionniste de laisser tomber un tambourin sur le plancher !

En appuyant sur le haut de chaque castagnette, on déclenche son claquement.

Claquettes à main

Les castagnettes sont des claquettes tenues dans les mains. Dans un orchestre, les instrumentistes peuvent utiliser la machine à castagnettes (ci-dessus).

Les deux castagnettes sont reliées par un cordon.

Danseuse de flamenco avec des castagnettes

Une barre pliée en trois

On entend souvent le tintement argenté du triangle au-dessus de l'orchestre. C'est une barre d'acier repliée en triangle, que l'on frappe avec une baguette métallique pour produire une note aiguë et insistante.

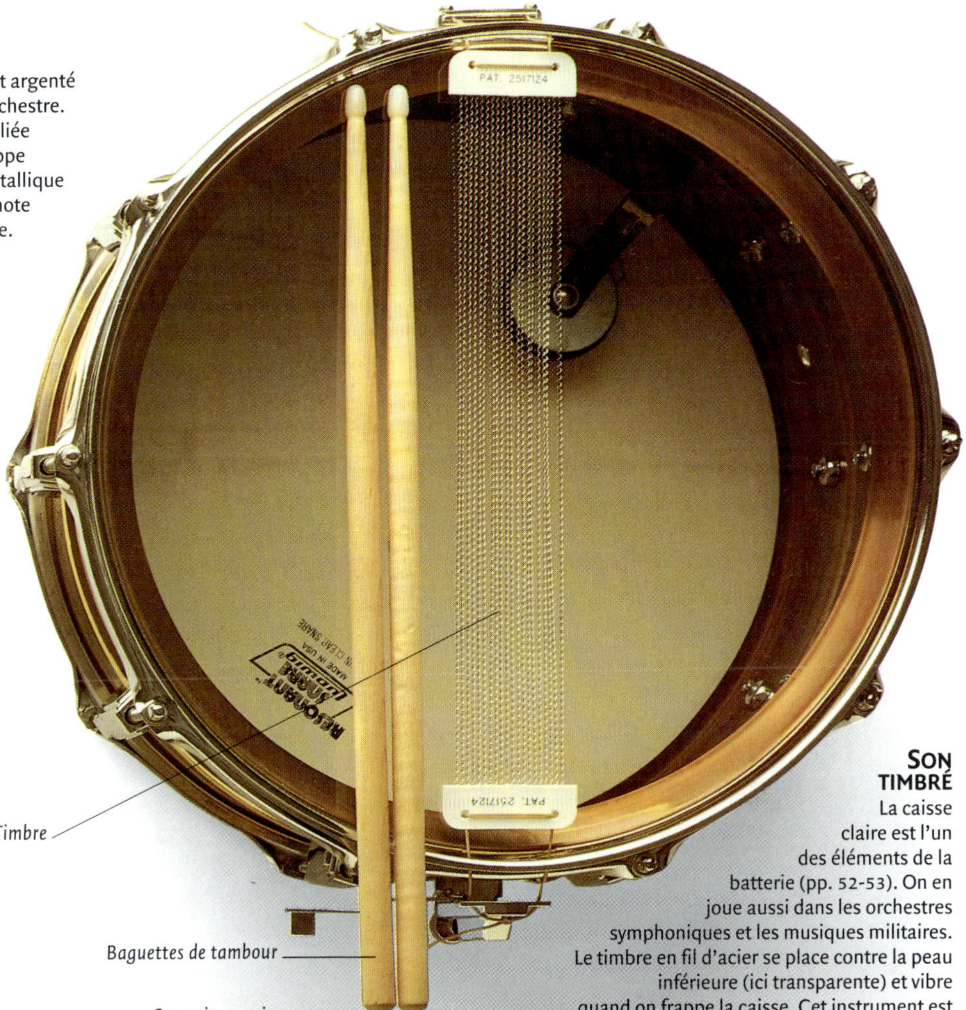

Son timbré

La caisse claire est l'un des éléments de la batterie (pp. 52-53). On en joue aussi dans les orchestres symphoniques et les musiques militaires. Le timbre en fil d'acier se place contre la peau inférieure (ici transparente) et vibre quand on frappe la caisse. Cet instrument est issu du *tabor* (p. 50) de l'Europe médiévale.

Un gros battoir

La grosse caisse d'un orchestre est énorme, parfois aussi grosse que l'instrumentiste. Le tambour monstre représenté ici fut créé par M. Distin, qui inventa aussi la machine à castagnettes que l'on voit sur la page de gauche.

Clash et crash

Un fracas de cymbales marque souvent un moment fort dans la musique orchestrale. Le percussionniste tient bien haut les cymbales et les choque violemment l'une contre l'autre. Il faut veiller à ne pas emprisonner d'air à l'intérieur, car cela atténuerait le son.

Une plainte étrange

Le *flexatom* possède une mince lame de métal flexible à laquelle sont fixés des ressorts en acier se terminant par des boules. Quand on secoue l'instrument, les boules frappent la lame, ce qui produit un son aigu et plaintif. En courbant la lame, on modifie la hauteur du son.

LA FÉE ÉLECTRICITÉ AMPLIFIE LES SONS

Dès l'apparition de la radio, au début du XXe siècle, l'électricité a été perçue comme un bon moyen de dépasser le volume sonore limité de certains instruments acoustiques. Ce fut, notamment, le cas pour la guitare, instrument merveilleux, mais trop discret. Le principe de cette amplification est simple : un microphone placé près de la source sonore, en l'occurrence les cordes, convertit le son en signaux électriques et les conduit à un amplificateur qui en augmente l'amplitude et les transmet à son tour à un haut-parleur, lequel retransforme ces signaux électriques amplifiés à l'aide d'une bobine magnétique fixée sur une membrane vibrante. Par la suite, ce dispositif s'est enrichi de moyens pour agir sur la constitution même du son, grâce à des filtres autorisant une amplification sélective.

LA PIONNIÈRE DES GUITARES
La guitare électrique ci-dessus est montrée avant d'être démontée. C'est une copie de la célèbre Fender Stratocaster, communément appelée la *Strato*. En 1945, on joua pour la première fois sur un prototype. Depuis, le modèle a peu changé. La Stratocaster a introduit la caisse à double découpe, qui facilite son utilisation, le levier du vibrato pour infléchir les notes et trois micros pour varier le son.

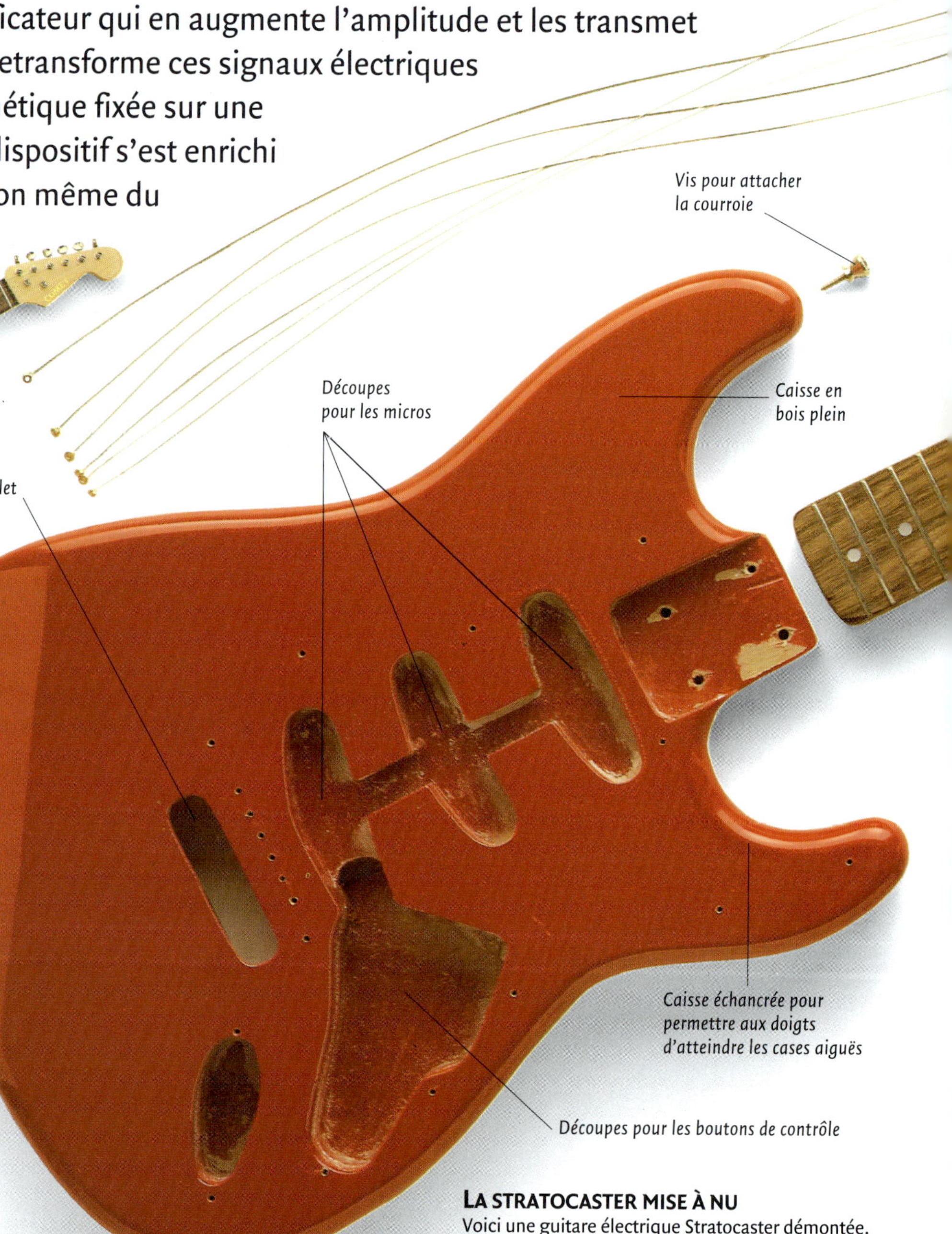

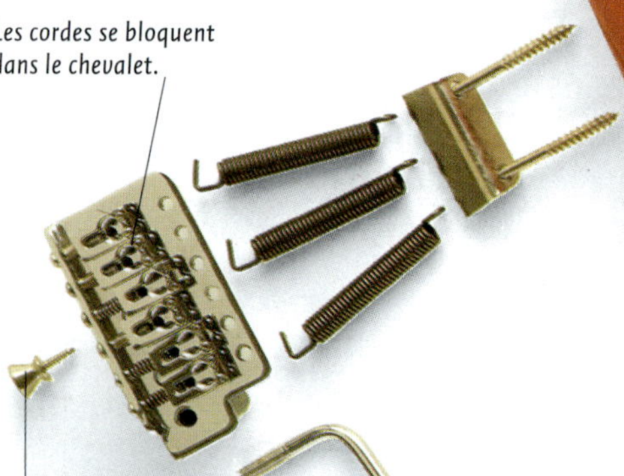

LA STRATOCASTER MISE À NU
Voici une guitare électrique Stratocaster démontée. Sa structure générale ressemble à celle d'une guitare acoustique (p. 42) : elle a les mêmes six cordes, et on en joue de la même façon. Mais elle présente des différences importantes. La plus évidente est que la caisse n'est pas creuse, mais faite de bois massif peint en rouge.
Sans son amplificateur, une guitare électrique produit un son très faible. Bien que la caisse puisse influer sur la prolongation des notes, son but principal est de procurer une plate-forme stable au chevalet qui soutient les cordes et aux micros montés dessous. Les micros convertissent les vibrations des cordes en signaux électriques.
Ces signaux sont modifiés par les contrôles de volume et de tonalité, avant de quitter la guitare par la prise de sortie. Un câble conduit ce signal à un amplificateur, qui permet de nombreux contrôles, et enfin au haut-parleur.

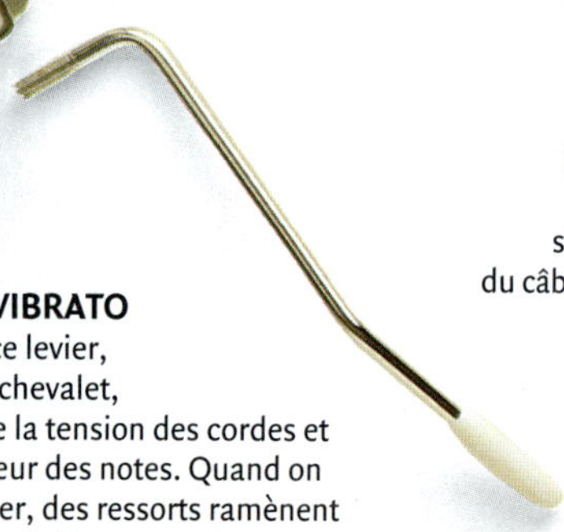

LEVIER DU VIBRATO
En poussant ce levier, on soulève le chevalet, ce qui modifie la tension des cordes et altère la hauteur des notes. Quand on relâche le levier, des ressorts ramènent le chevalet en position normale.

PRISE DE SORTIE
On branche un jack standard fixé au bout du câble de l'amplificateur dans cette prise.

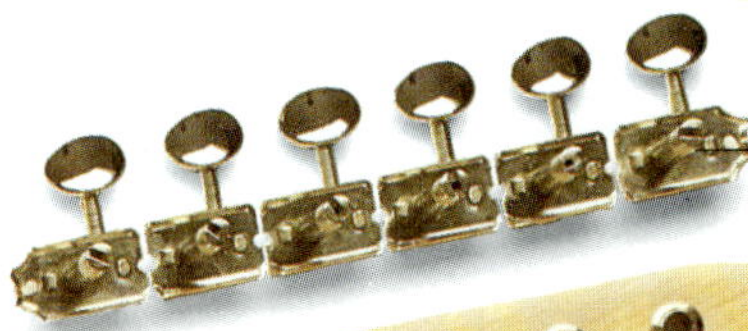

Six cordes

Les cordes d'une guitare électrique sont en acier, ou tout autre métal compatible avec les micros. La tension est relativement faible, ce qui facilite l'appui des cordes sur les barrettes.

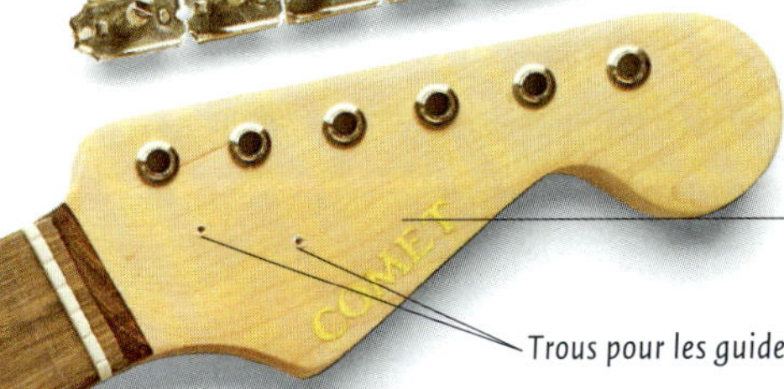

Le manche

La guitare électrique a un manche plus étroit que la guitare acoustique. Du coup, il est plus facile d'y étendre les doigts pour jouer les accords.

Tempête électrique

Le jeu sauvage de Jimi Hendrix fit exploser sur scène la musique rock au milieu des années 1960. Au cours de sa courte carrière, interrompue par une mort prématurée en 1970, il devint une légende. Sa virtuosité extraordinaire avait ceci de remarquable que, tout en étant gaucher, il jouait de l'instrument conçu pour droitiers. Hendrix tenait sa guitare, en général une Fender Stratocaster, renversée, les boutons de contrôle et le levier du vibrato se trouvant alors en haut de la caisse.

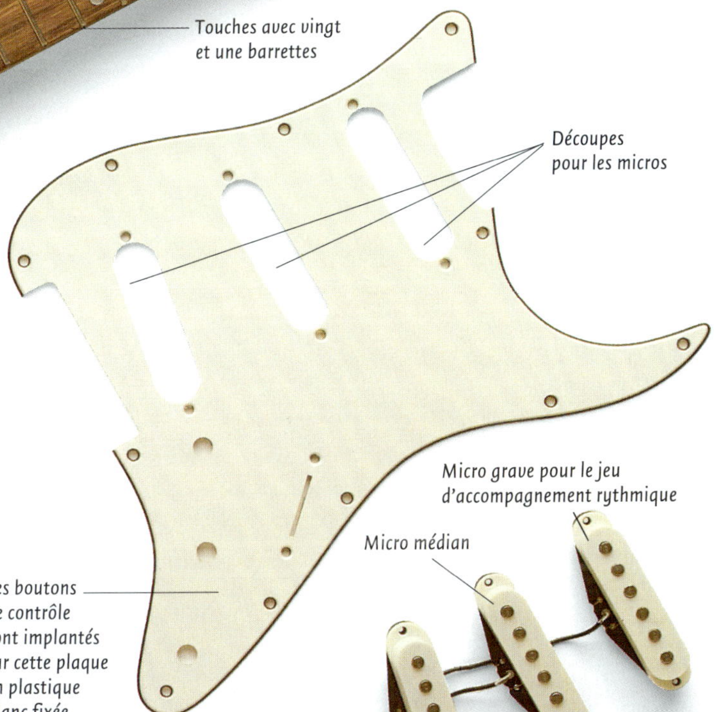

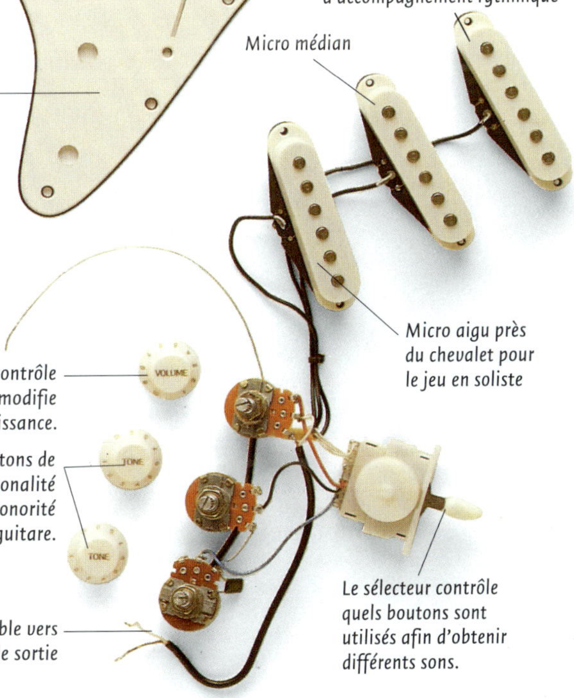

Micros

Les guitares électriques ont souvent deux micros ou plus, qui peuvent être combinés pour produire différentes sonorités. Quand les cordes vibrent, elles modifient les champs magnétiques produits par les aimants dans chaque micro. Ces champs variables génèrent un signal électrique variable dans la bobine du micro. De cette façon, le micro transforme directement la vibration de chaque corde en un signal électrique dont les variations suivent celles de la corde. Une fois amplifié, ce signal variable fait vibrer le haut-parleur pour produire le son de la guitare.

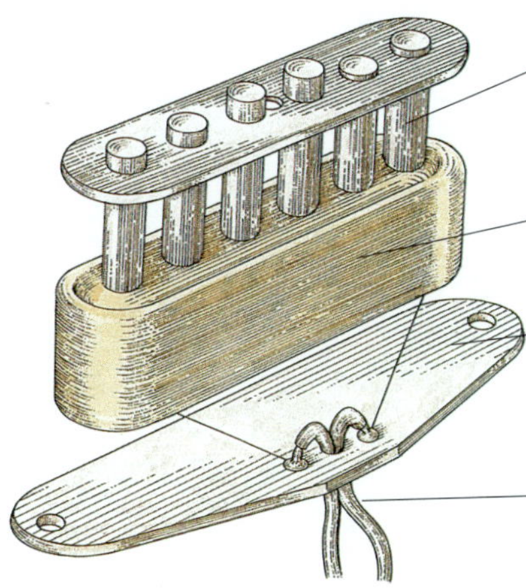

La guitare rock n'a souvent rien dans la caisse

C'est la guitare électrique qui donne à la musique de rock sa sonorité caractéristique. La plupart des formations en comportent trois, qui chacune ont un registre différent : une guitare solo, très mélodique, une guitare d'accompagnement, un peu plus grave, qui soutient et enrichit la mélodie de la première, et une basse dont le rôle est tout à fait analogue à celui de la contrebasse dans les formations de jazz ou de la basse continue dans les orchestres baroques, entretien d'une véritable pulsation qui dynamise l'ensemble. Il ne manque plus que la batterie. Dans une guitare électrique, les qualités acoustiques de la caisse, souvent pleine, jouent un rôle mineur. Cela explique la variété de formes, de couleurs et de matériaux que l'on peut observer sur les scènes de concert.

Beatlemania
Les Beatles, le plus célèbre groupe de rock des années 1960, présentaient la formation classique de rock : deux guitares électriques (George Harrison à la guitare solo, et John Lennon à la guitare d'accompagnement décrite ci-dessus), une guitare basse (Paul McCartney) et une batterie (Ringo Starr).

Guitares semi-acoustiques
Les guitares électriques n'ont pas forcément une caisse pleine. Beaucoup sont des guitares semi-acoustiques dont les caisses creuses sont munies d'ouïes en forme de *f*, comme celles d'un violon (p. 33). La guitare semi-acoustique Gretsch 6120 fut rendue célèbre par Eddie Cochran. Le modèle ci-contre date de 1957 et porte le nom de la star de la country music, Chet Atkins, inscrit sur la plaque de protection. Elle a un levier de vibrato Bigsby, d'une autre conception que le levier Fender introduit sur la guitare Stratocaster (p. 58).

Formation en V
La société Gibson a lancé la première guitare électrique en 1935. C'était essentiellement une guitare « espagnole » acoustique, équipée d'un micro, et elle fut surnommée l'Espagnole Electrique. En 1957, Gibson lança le micro Humbucker avec un double bobinage pour empêcher le ronflement. La célèbre guitare Gibson Flying V date de 1958, quand la société la produisit pour relancer des affaires languissantes. Le style futuriste de la caisse eut un grand succès même si elle n'était pas des plus faciles à manier. L'instrument ci-contre est une des premières Flying V de 1958 : c'est maintenant un objet de collection.

UN MUR DE SON

Jimmy Page, qui fonda en 1968 le célèbre groupe Led Zeppelin, est connu pour son puissant « mur » de sons à la guitare, qui inspira le style de musique rock appelé *heavy metal*. Page introduisit l'utilisation d'un archet sur la guitare électrique, créant ainsi des sonorités extraordinaires sur cet instrument ; il joua aussi de guitares à manche double.

UN SON GLISSANT

La *pedal steel* est une guitare électrique que l'on pose à plat sur une table. L'instrumentiste déplace sur les cordes une barre d'acier, appelée *bottleneck*, pour créer des glissandos.

SUPRÊMEMENT DIFFÉRENTE

La Suprême 40 V est une guitare d'apparence inhabituelle : ce fut l'une des nombreuses guitares en plastique introduites dans les années 1960. Elle possède quatre micros et six boutons-poussoirs le long du haut de la caisse pour sélectionner ces micros, isolément ou dans des combinaisons variées.

Rock

SUR MESURE

En 1952, le guitariste Les Paul dessina pour Gibson une guitare électrique devenue classique. Elle donna naissance à toute une série d'autres modèles, y compris cette élégante noire, en 1977. La Les Paul et la Fender Stratocaster sont probablement les guitares de rock les plus répandues.

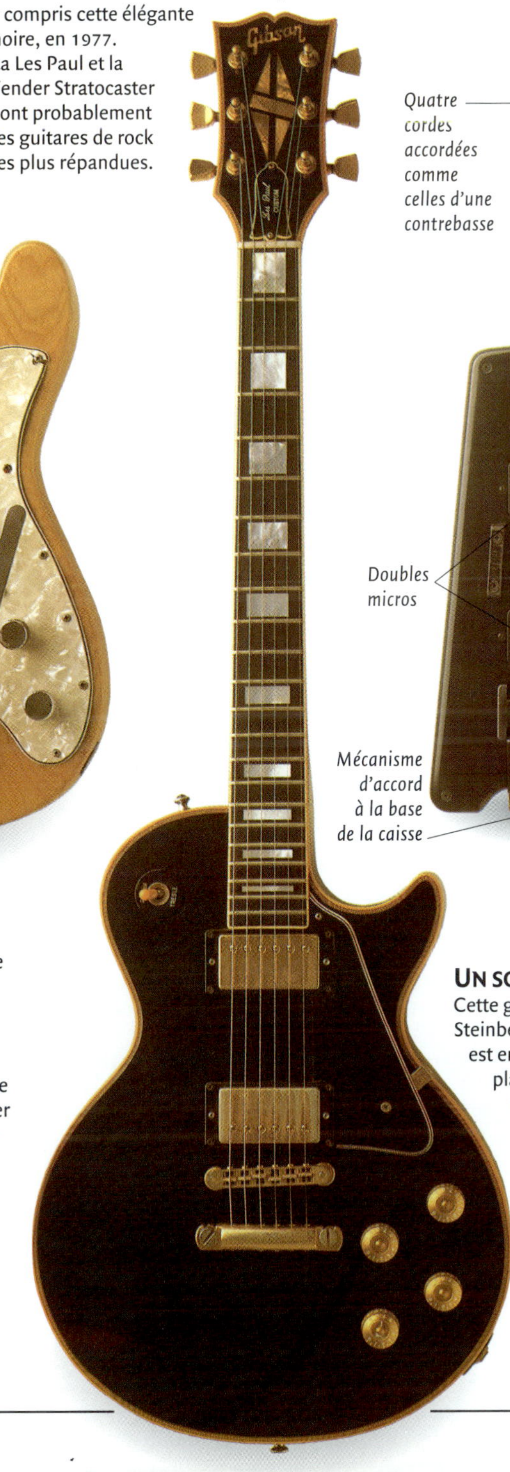

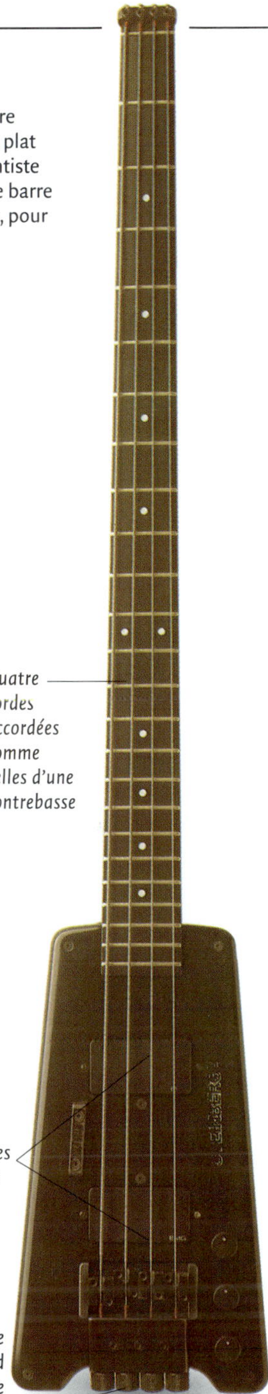

UNE FENDER QUI A DU PEDIGREE

Leo Fender fabriqua la première guitare électrique avec caisse pleine en 1944. Puis il fonda la société Fender, qui produisit la célèbre Stratocaster en 1954. Le premier modèle de Fender fut la Broadcaster de 1948, qui fut rebaptisée la Telecaster. La Telecaster Thinline, ici représentée, date de 1973.

UN SON QUI DURE

Cette guitare basse Steinberger, très design, est en fibres de verre et en plastique, renforcée de fibres de carbone. La caisse construite d'une pièce est très solide. La guitare fut conçue sans tête au bout du manche pour améliorer la sonorité.

GÉNÉRATION ÉLECTRONIQUE

La musique du futur sera peut-être composée de sons créés de toutes pièces par des machines électroniques. Les synthétiseurs et autres instruments non acoustiques représentés ici ne produisent pas eux-mêmes les sons ; ils émettent des signaux électriques, lesquels sont amplifiés avant d'être transmis à des haut-parleurs qui en donnent la traduction sonore. L'intervention de l'ordinateur permet de faire varier une infinité de paramètres. Aussi autorise-t-il deux démarches : premièrement, imiter à la perfection des instruments acoustiques à partir de l'analyse numérique de leur spectre sonore ; deuxièmement, créer des sons inconnus fondés sur les calculs les plus complexes.

Le pad contient des composants électroniques sous sa surface.

UN TAMBOUR PLAT

Les batteurs peuvent devenir des musiciens électroniques avec un ensemble de percussions que l'on appelle un pad. Quand on frappe le pad avec une baguette, il produit un signal sonore électrique qui donne un son de batterie électronique.

Baguettes de batterie standard

HOMME-ORCHESTRE

La musique pop fait grand usage des sons électroniques. L'un des pionniers en est le musicien français Jean-Michel Jarre : il fut l'un des premiers musiciens à créer un orchestre électronique dans lequel il jouait lui-même toute la musique.

COMMANDE PAR ORDINATEUR

Voici un modèle courant d'ordinateur personnel qui, parmi bien d'autres possibilités, peut être relié à des instruments électroniques comme ceux qui sont décrits ici. Des logiciels musicaux permettent à l'ordinateur de créer, d'ordonner et de mettre en mémoire des notes de musique. On peut transformer cet ordinateur en studio d'enregistrement ; il peut corriger des notes ou des rythmes erronés et même composer. Le *soft synth* peut garder en mémoire un nombre illimité d'échantillons. L'utilisation de bandes est maintenant devenue inutile dans le petit studio d'enregistrement.

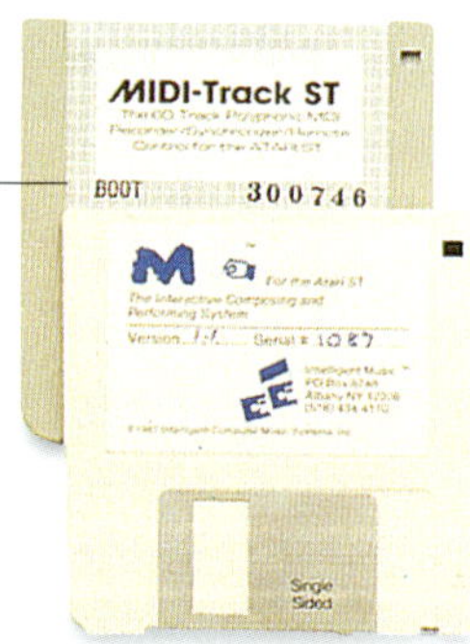

Disquettes utilisées avec le clavier électronique pour mettre en mémoire les notes Midi et les sons

CLAVIER ÉLECTRONIQUE

On joue de ce synthétiseur comme d'un piano ou d'un orgue. Il peut produire toutes sortes de sons réels ou inhabituels en manœuvrant les commandes situées au-dessus des touches. La fenêtre d'affichage montre quels sons ont été sélectionnés. Les claviers électroniques peuvent aussi constituer une machine autonome capable de créer, d'ordonner et de mettre en mémoire la musique comme un ordinateur.

Clavier standard d'ordinateur personnel

Clavier numérique

Midi

Les câbles Midi (Musical Instrument Digital Interface) permettent de connecter des instruments électroniques, des expandeurs et des ordinateurs dans toutes sortes de combinaisons. Midi est une liaison standard qui peut être utilisée pour relier des équipements de marques différentes.

Expandeur

Cette boîte noire contient 160 sons. Elle se raccorde à un instrument électronique ou à un ordinateur. Quand on joue d'un instrument, on peut recourir aux sons de l'expandeur, accroissant ainsi l'étendue des sonorités de l'instrument. Les CD d'échantillon peuvent aussi produire de nouvelles bibliothèques de sons.

Sampler

Les samplers (ci-dessous) ont radicalement modifié et amélioré la qualité du son produit. Ils sont dotés d'une mémoire illimitée, ils sont polyphoniques (capables d'émettre plus de 128 notes en même temps) et multi-timbres (ils peuvent jouer jusqu'à 32 instruments à la fois).

électroacoustique

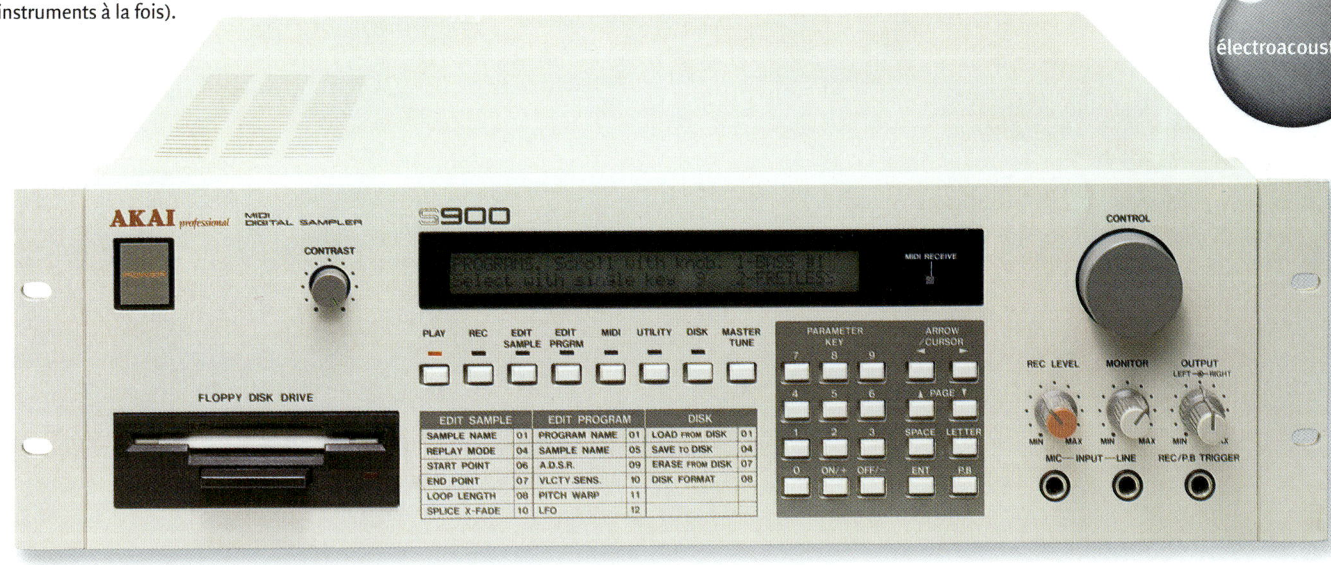

DES INFORMATIONS PASSIONNANTES

La musique profane, au Moyen Âge, était jouée par des troubadours itinérants dans le sud de la France (ou trouvères dans le Nord), qui s'accompagnaient au luth ou à la harpe. Leurs chants étaient des ballades narratives traitant d'aventures héroïques ou sentimentales.

À l'époque médiévale, l'un des instruments de musique les plus courants était le cornet, dont joue ce musicien du XVe siècle. C'est un instrument populaire fait d'une embouchure de cor en bois reliée à une corne de bovidé par une lanière de cuir.

Cornet

Au cours des XVIe et XVIIe siècles, la guitare était beaucoup moins populaire que la vièle, un type d'instrument très proche comportant jusqu'à douze cordes. Lorsque la guitare a évolué vers sa forme actuelle à six cordes, elle est devenue l'instrument le plus joué.

Jean-Sébastien Bach (1685-1750) eut deux épouses et vingt enfants, ce qui n'a rien de véritablement exceptionnel pour son époque. Trois de ses fils – le plus âgé, Wilhelm Friedemann (1710-1784), son cadet, Carl Philipp Emanuel (1714-1788), et le plus jeune, Johann Christian (1735-1782) – ont été eux aussi des compositeurs talentueux.

Portrait de Georg Friedrich Haendel par sir James Thornhill

Georg Friedrich Haendel et Robert Schumann étudièrent tous deux le droit avant de poursuivre une carrière musicale. Alexandre Borodine était chimiste à l'origine et Nikolaï Rimski-Korsakov devait devenir officier dans la marine.

Georg Friedrich Haendel et Jean-Sébastien Bach devinrent tous deux aveugles à la fin de leur vie ; Ludwig van Beethoven commença à devenir sourd vers l'âge de 30 ans, et le fut totalement vers la cinquantaine.

Romantique extravagant, tant sur le plan sentimental qu'au niveau de sa musique, Beethoven (1770-1827) tomba fréquemment amoureux, parfois de ses élèves aristocrates, mais ne se maria jamais.

Dans la Vienne du début du XIXe siècle, Franz Schubert (1797-1828) eut une vie extrêmement créative et bohème mais souvent marquée par la pauvreté. Il mourut de la syphilis alors qu'il n'avait que 31 ans.

Lorsqu'il était jeune, Robert Schumann (1810-1856) était déjà fragile sur le plan psychologique. Pianiste virtuose, il dut abandonner sa carrière, parce que, obsédé par la technique, il s'était abîmé les doigts. Plus tard, il tenta de se noyer dans le Rhin et il passa les deux dernières années de sa vie dans le noir au sein d'un établissement psychiatrique.

La vie de Felix Mendelssohn-Bartholdy (1809-1847) fut heureuse, pleine de joies et couronnée de succès. Chef d'orchestre, pianiste et compositeur extrêmement doué, il était également un homme charmant, habile et fort riche, qui avait hérité de son père. Néanmoins, il mourut jeune, à l'âge de 38 ans.

Malade de la tuberculose une grande partie de sa vie lorsqu'il était adulte, Frédéric Chopin (1810-1849) eut une liaison célèbre avec l'écrivain français Aurore Dupin (1804-1876), qui scandalisait la bonne société en s'habillant comme un homme, en fumant la pipe et en publiant sous le pseudonyme masculin de George Sand.

Grand pianiste virtuose et compositeur, Franz Liszt (1811-1886) est né en Hongrie. Il composa les *Rhapsodies hongroises* en s'inspirant de la musique tsigane de son pays. Cependant, il ne parla jamais le hongrois et s'exprimait surtout en français.

Richard Wagner (1813-1883) composa surtout des opéras. Le festival Wagner qui se déroule chaque année à Bayreuth (Allemagne) maintient son œuvre très vivante à travers diverses mises en scène et interprétations. Wagner a été marié à Cosima von Bülow, la fille de Franz Liszt.

Richard Wagner

Ainsi parlait Zarathoustra, poème symphonique de Richard Strauss (1864-1949), remporta un triomphe lors de sa première, en 1896. Cette musique a été popularisée par le film de Stanley Kubrick, 2001, *l'odyssée de l'espace* dont elle accompagne le générique. À une époque où l'inspiration des compositeurs venait surtout de la poésie ou de la contemplation de la nature, Strauss, lui, partit des écrits du philosophe allemand Friedrich Nietzsche.

Ruiné et déprimé, Petr Ilitch Tchaïkovski (1840-1893) reçut l'aide inespérée d'une riche veuve, Nadejda von Meck, qui accepta de lui verser un revenu à la condition qu'ils ne se rencontrent jamais et ne communiquent que par lettres.

Franz Liszt jouant à Vienne pour la famille royale d'Autriche

QUESTIONS / RÉPONSES

Le chef d'orchestre Simon Rattle

Au XIXe siècle, cependant, les orchestres se sont énormément étoffés, leur conduite devenant plus complexe. Ils nécessitaient donc toute l'attention de la personne qui les dirigeait. Aujourd'hui, les chefs d'orchestre ne se contentent pas de battre la mesure et d'indiquer l'intensité d'un morceau, mais semblent presque se servir de l'orchestre comme d'un instrument, concourant ainsi au style et à l'expressivité de l'œuvre jouée. De nombreux compositeurs célèbres, comme Mahler et Stravinsky, furent aussi des chefs d'orchestre de renom et beaucoup de grands chefs d'orchestre – Arturo Toscanini (1867-1957), par exemple, ou sir Thomas Beecham (1879-1961) – acquirent une célébrité équivalant à celle de grands solistes.

Quelle est l'origine du mot « musique » ?

Ce mot provient du grec *mousikê*, qui désignait à l'origine tous les arts présidés par les neuf Muses, ou déesses des arts, dans la mythologie grecque. Filles de Zeus et de Mnémosyne (Mémoire), les Muses ont été décrites pour la première fois par Hésiode, poète grec de l'Antiquité. Cependant, leur nombre, leur nom et l'art qui leur est associé varient parfois. Le mot « musée » a la même origine que « musique » et décrivait initialement un lieu en rapport avec les Muses.

La façade du théâtre Juarez à Guanajuato au Mexique est surmontée par les statues des Muses.

Quelle est l'origine du mot « orchestre » ?

Il s'agit également d'un mot grec qui décrivait l'espace semi-circulaire où se tenaient les acteurs et le chœur dans un théâtre traditionnel ou un auditorium. C'est au XVIIe siècle en France que l'on utilisa pour la première fois le terme d'orchestre pour désigner le lieu où se trouvent les musiciens, devant la scène, puis plus tard le groupe de musiciens lui-même.

Quelle est la différence entre la musique de chambre et les autres genres de musique qui entrent dans le programme d'un concert ?

Alors même que les concerts publics étaient devenus partie intégrante de la vie culturelle en Europe, certaines œuvres – qui pouvaient être exécutées par un petit nombre d'interprètes et donc dans une petite pièce – étaient toujours uniquement jouées dans les salons de riches amateurs de musique. Ces œuvres constituaient donc la musique de chambre. Cependant, vers 1850, avec la mode des récitals en solo de virtuoses tels que Franz Liszt, on s'est mis à jouer de la musique dite « de chambre » lors de concerts.

Les orchestres ont-ils toujours été dirigés par des chefs d'orchestre ?

Aux XVIIe et XVIIIe siècles, le chef d'orchestre était aussi un musicien de l'ensemble, généralement claveciniste ou violoniste.

QUELQUES RECORDS

UNE ŒUVRE EXCEPTIONNELLE

Peu de compositeurs sont aussi prolifiques que l'était Antonio Vivaldi, musicien du XVIIIe siècle : il écrivit plus de quatre cents concertos, vingt-trois symphonies, soixante-quinze sonates, plus de quarante opéras et de nombreux morceaux de musique religieuse.

UN ENFANT PRODIGE

À l'âge de 6 ans, Mozart était déjà un compositeur et un pianiste célèbre, qui donnait des concerts dans toute l'Europe, avec un succès considérable. Vers 20 ans, il était adoré et admiré par le monde musical dans son entier. Pourtant, il mourut dans la misère alors qu'il n'avait que 35 ans.

UN SON UNIVERSEL

La guitare est l'instrument le plus populaire : universelle, transportable et agréable à jouer, même lorsqu'on ne possède qu'une technique limitée, elle a un son caractéristique qui relève de la culture musicale de presque tous les pays.

TOUT PUBLIC

Les premiers concerts publics eurent lieu à Paris en 1720. Avant cette date, les opéras et les auditions musicales n'étaient donnés que devant des publics choisis et limités, dans les cours royales ou les grandes maisons de l'aristocratie.

Guitare

Troubadour
du Moyen Âge

LES GRANDS COMPOSITEURS

La musique que nous entendons dans les concerts, à la radio ou à partir d'enregistrements s'inscrit dans une tradition remontant à plusieurs siècles, née dans les églises et les cours royales. Dans le passé, la musique a été marquée par différentes périodes (voir glossaire, p. 70), passant du style baroque au classique, puis à l'ère romantique, au XIXe siècle. La musique moderne présente une grande variété : elle peut être mélodieuse, structurée, dissonante, acoustique, électronique ou intermédiaire entre tous ces genres. Aujourd'hui, on peut entendre des concerts de musiques très variées, et en apprenant qui étaient les principaux compositeurs, vous serez à même d'apprécier et de mieux comprendre leur musique. Les compositeurs choisis sont présentés dans l'ordre chronologique de leur date de naissance.

• CLAUDIO MONTEVERDI (1567-1643, ITALIEN)
Il est l'un des premiers compositeurs baroques, et est surtout connu pour ses madrigaux (chants à plusieurs voix), ses opéras (dont il est l'inventeur du genre avec *Orfeo*) et sa musique sacrée. Son œuvre proposait de nouveaux styles d'harmonie et de mélodie, caractéristiques de l'époque.

• ANTONIO VIVALDI (1678-1741, ITALIEN)
Violoniste et compositeur baroque exceptionnel, Vivaldi joua un rôle important dans le développement des concertos pour solistes. Sa musique, dont les très célèbres *Quatre Saisons*, était à peine connue avant les années 1930.

Antonio Vivaldi

• JEAN-SÉBASTIEN BACH (1685-1750, ALLEMAND)
Auteur d'une œuvre colossale située à l'apogée de l'époque baroque, Bach fut décrit par Wagner comme « le miracle le plus prodigieux de toute la musique ». Parmi ses œuvres connues figurent la *Passion selon saint Matthieu* et la *Passion selon saint Jean*, les *Concertos brandebourgeois* et le recueil de préludes et de fugues connu sous le nom de *Clavier bien tempéré*.

• GEORG FRIEDRICH HAENDEL (1685-1759, ALLEMAND)
Né en Allemagne et ayant résidé quelque temps en Italie, Haendel passa une grande partie de sa vie en Angleterre. Organiste et claveciniste virtuose, il composa notamment les très célèbres *Water Music*, *Music for the Royal Fireworks (Musique pour les feux d'artifice royaux)*, *Le Messie* et *L'Harmonieux Forgeron*, un ensemble d'œuvres pour clavecin.

• JOSEPH HAYDN (1732-1809, AUTRICHIEN)
Première des trois grandes figures de l'époque classique (les deux autres étant Mozart et Beethoven, dont il fut le professeur), Haydn fut le pionnier de la forme symphonique ; il composa plus de cent symphonies, divers quatuors à cordes et les oratorios *La Création* et *Les Saisons*.

• WOLFGANG AMADEUS MOZART (1756-1791, AUTRICHIEN)
Figure imposante de l'histoire de la musique, Mozart est peut-être le plus universel de tous les compositeurs : il nous légua quelques-uns des plus grands opéras classiques (comme *Les Noces de Figaro* ou *Don Giovanni*) ainsi qu'un énorme répertoire de musique orchestrale, unique par sa richesse mélodique et sa pureté.

• LUDWIG VAN BEETHOVEN (1770-1827, ALLEMAND)
Né avec la tradition classique, Beethoven s'orienta nettement vers le romantisme. Il composa neuf symphonies, la troisième (l'*Héroïque*), la cinquième, la sixième (la *Pastorale*) et la neuvième (avec des chœurs) étant les plus célèbres, trente-deux sonates pour piano (dont *Au clair de lune* et *Appassionata*) et un opéra, *Fidelio*.

Ludwig van Beethoven

• FRANZ SCHUBERT (1797-1828, AUTRICHIEN)
Bien qu'il soit mort à l'âge de 31 ans, Schubert écrivit dix symphonies, plus de six cents lieder, dix-sept ouvertures, des messes et des œuvres chorales, ainsi qu'un exceptionnel ensemble de pièces pour piano. Figure majeure du romantisme, il s'établit comme l'héritier de Mozart et de Beethoven par la chaleur et la fluidité de sa musique.

• HECTOR BERLIOZ (1803-1869, FRANÇAIS)
L'influence de Berlioz résulte de son œuvre pionnière en musique à programme et de l'originalité de son écriture orchestrale. Parmi ses œuvres importantes figurent la *Symphonie fantastique*, et les opéras *Les Troyens* et *Benvenuto Cellini*.

• FELIX MENDELSSOHN-BARTHOLDY (1809-1847, ALLEMAND)
Romantique influencé par le classicisme, Mendelssohn composa un grand nombre d'œuvres classiques instrumentales, comme les ouvertures de *La Grotte de Fingal* et du *Songe d'une nuit d'été*, les Symphonies *italienne* et *écossaise* et les *Romances sans paroles* pour piano.

• FRÉDÉRIC CHOPIN (1810-1849, POLONAIS)
Chopin était un pianiste brillant et ses créations, parmi lesquelles figurent beaucoup de valses, de sonates et de préludes très familiers, sont presque exclusivement destinées au piano. Son sens profond (et très romantique) du patriotisme s'exprime dans ses polonaises et ses mazurkas ainsi que dans son *Étude* dite *La Révolutionnaire*, s'inspirant des événements liés à la prise de Varsovie par les Russes en 1830.

Frédéric Chopin

• ROBERT SCHUMANN (1810-1856, ALLEMAND)
Autre grande figure du romantisme, Schumann est surtout connu par son œuvre pour piano (interprétée à l'époque par sa femme, Clara, une célèbre virtuose) et ses lieder inspirés par des poèmes romantiques. Fait unique à l'époque, Schumann était également écrivain et critique ; il défendit Berlioz, Chopin et Brahms.

• Franz Liszt (1811-1886, hongrois)

À son époque, Liszt fut davantage reconnu comme pianiste et professeur que comme compositeur. Défenseur de la musique à programme, il pensait que l'inspiration ne devait pas être entravée par la forme de l'œuvre, et il composa des œuvres réputées, comme le *Rêve d'amour* et les *Rhapsodies hongroises*, impressionnistes avant l'heure.

Richard Wagner

• Richard Wagner (1813-1883, allemand)

Bien qu'il ait principalement composé des opéras, dont la fameuse *Tétralogie* des *Nibelungen* (ensemble de quatre opéras), *Lohengrin* et *Parsifal*, l'influence de Wagner est énorme. La ligne mélodique, l'harmonie dramatique et l'instrumentation unique de son œuvre représentent l'apogée du romantisme et annoncent les innovations propres au XXᵉ siècle.

• Anton Bruckner (1824-1896, autrichien)

Disciple de Wagner, Bruckner a composé onze symphonies et sept messes. D'une grande portée, dotée de thèmes élaborés et de développements complexes, son œuvre s'inscrit nettement dans la lignée de Wagner, mais principalement dans le domaine de la musique pour orchestre.

• Johannes Brahms (1833-1897, allemand)

Essentiellement romantique, la musique de Brahms recèle néanmoins des influences classiques. Brahms et les romantiques purs qu'étaient Wagner et Bruckner étaient de grands rivaux, mais tous eurent une influence considérable sur la musique du XXᵉ siècle. Parmi les œuvres de Brahms figurent des symphonies, des lieder, des concertos et l'une des berceuses les plus célèbres jamais écrites.

• Petr Ilitch Tchaïkovski (1840-1893, russe)

Créateur d'innombrables airs célèbres, Tchaïkovski rendit populaire la musique russe à la fin du XIXᵉ siècle. Compositeur actif de symphonies, d'opéras, de concertos, d'ouvertures et de lieder, il est surtout connu pour ses musiques de ballet : *Le Lac des cygnes*, *La Belle au bois dormant* et *Casse-Noisette*.

• Anton Dvorak (1841-1904, tchèque)

Dvorak, dont le style relève, comme Brahms, à la fois du classicisme et du romantisme, est clairement associé au patriotisme tchèque, et ce sont ses *Danses slaves* qui connurent les premières un grand succès. Sa neuvième symphonie, dite du *Nouveau Monde*, écrite à New York, est aujourd'hui son œuvre la plus connue.

• Edvard Grieg (1843-1907, norvégien)

Compositeur au patriotisme prononcé, Grieg fut le premier à faire connaître la musique scandinave. Attiré par le romantisme, il fut influencé par le folklore norvégien, qui apparaît fréquemment dans ses œuvres, comme *Peer Gynt*, musique de scène pour la pièce d'Ibsen.

• Edward Elgar (1857-1934, britannique)

Essentiellement autodidacte, Elgar ne connut de succès qu'après ses 40 ans, après la publication d'*Enigma Variations* (ou *Variations sur un thème original*). Une fois connu, il éclaira d'une lueur romantique le XXᵉ siècle grâce à sa musique d'orchestre et de chambre et à ses œuvres chorales.

• Gustav Mahler (1860-1911, autrichien)

La musique de Mahler est riche et lyrique, à la fois romantique et classique, et fortement personnelle. Cependant, de son vivant, le musicien fut surtout reconnu comme chef d'orchestre et son génie ne fut apprécié que longtemps après sa mort. Son œuvre comprend dix symphonies et une série de lieder, dont *Le Chant de la terre*.

Claude Debussy

• Claude Debussy (1862-1918, français)

Souvent présenté comme le premier compositeur moderne, Debussy est étroitement associé à l'impressionnisme musical. *Prélude à l'après-midi d'un faune* et *La Mer* font partie de ses œuvres les plus célèbres.

• Richard Strauss (1864-1949, allemand)

Enraciné dans le romantisme, Strauss créa de nouveaux styles d'orchestration et d'harmonie qui eurent une grande influence. Il composa principalement de la musique d'orchestre et des opéras. Ses poèmes symphoniques *Don Juan* et *Ainsi parlait Zarathoustra* ainsi que son opéra *Le Chevalier à la rose* sont particulièrement connus.

• Jean Sibelius (1865-1957, finlandais)

Nationaliste, à l'instar de Grieg, il s'inspira de mélodies folkloriques. Il composa sept symphonies monumentales. Deux œuvres plus brèves, *Le Cygne de Tuonela* et *Finlandia*, sont très populaires.

• Sergueï Vassilievitch Rachmaninov (1873-1943, russe)

L'émotion exprimée dans la musique de Rachmaninov conjugue le romantisme à des influences folkloriques. Parmi ses œuvres particulièrement appréciées figurent la *Rhapsodie sur un thème de Paganini* et le *Concerto n° 2 pour piano*.

Maurice Ravel

• Arnold Schönberg (1874-1951, autrichien)

Moderniste influent, Schönberg commença par composer des mélodies riches avant de s'orienter vers l'atonalité. Jugeant qu'elle manquait de cohésion, il mit au point le système sériel, composé de douze notes, perfectionné par Anton von Webern et Alban Berg.

• Maurice Ravel (1875-1937, français)

Impressionniste, tout comme Debussy, Ravel composa une musique riche et habile. Nombre de ses œuvres eurent souvent la faveur du public, comme la *Valse*, le *Boléro* et le ballet *Daphnis et Chloé*.

• Igor Stravinsky (1882-1971, russe)

Stravinsky, musicien très influent, respecta les formes traditionnelles dans son œuvre. Cependant, il se distingua par son utilisation du rythme, sa principale contribution à la musique moderne. L'essentiel de sa musique – dont *L'Oiseau de feu*, *Petrouchka*, *Pulcinella* et *Le Sacre du printemps*, au rythme révolutionnaire – fut composé de commandes pour les Ballets russes de Diaghilev, mais il écrivit également des œuvres orchestrales et chorales ainsi que des opéras, dont *The Rake's Progress* (*Le Libertin*) et *Œdipus Rex*.

• Sergueï Prokofiev (1891-1953, russe)

Bien qu'il ait fait partie de l'avant-garde soviétique (parmi ses premières œuvres progressistes figurent la *Symphonie n° 2* et l'opéra *L'Amour des trois oranges*), Prokofiev conserva son intégrité et son individualité tout en cédant aux pressions des autorités pour composer dans un style plus populiste. On connaît en particulier son conte symphonique pour enfants *Pierre et le loup* et son ballet *Roméo et Juliette*, d'un lyrisme suprême.

Dmitri Chostakovitch

• Dmitri Chostakovitch (1906-1975, russe)

Comme Prokofiev, Chostakovitch était un compositeur moderne de la Russie soviétique. Il écrivit plusieurs opéras et ballets et de la musique pour orchestre, dont quinze symphonies. Les Symphonies n° 5, n° 7 (*Leningrad*), n° 8 et n° 10 ainsi que quelques-uns de ses concertos sont régulièrement joués en concert.

• La musique contemporaine

La musique d'aujourd'hui résulte de l'œuvre de trois révolutionnaires, Pierre Boulez (1925), Luigi Nono (1924-1990) et Karlheinz Stockhausen (1928-2007). Le premier continua le sérialisme quand les deux autres explorèrent la voie électronique dans les années 1950. Poussé à l'extrême, le modernisme investit l'œuvre de l'Américain John Cage (1912-1992), qui produit des sons saisissants à l'aide de « pianos préparés ». Au début de ce nouveau siècle, il semble y avoir désormais autant de styles et de formes de compositions à explorer que de compositeurs.

Pour en savoir plus

Les amateurs de musique la pratiquent de bien des manières : en écoutant des CD, en allant à des concerts, en étudiant l'histoire de la musique, en jouant d'un instrument et – la plus gratifiante de toutes – en composant eux-mêmes. Il est certain que maîtriser un instrument et entrer dans un groupe ou un orchestre local – ou se contenter de réunir quelques amis pour jouer un peu – peut accroître à la fois l'amour de la musique et le plaisir qu'elle apporte. Une autre manière de l'apprécier encore davantage consiste à intégrer un groupe musical de jeunes ou à travailler (à temps plein ou partiel) dans une boutique ou un club de musique, voire un studio d'enregistrement ou de mixage. Si vous vous intéressez à la musique classique, renseignez-vous sur les possibilités offertes par l'orchestre symphonique local, comme les leçons ou les concerts. Pour approfondir votre expérience, les séjours musicaux internationaux vous proposent un enseignement de qualité et l'opportunité de jouer en public ; c'est aussi l'occasion de rencontrer de nouvelles personnes et d'aborder d'autres cultures.

Les jeunes et la musique
Répéter ensemble et jouer devant un public apprend aux élèves d'écoles de musique ou de conservatoires comment les sons produits par différents instruments s'harmonisent ou contrastent pour former une œuvre réussie. Ici, le compositeur et chef d'orchestre John Williams travaille avec l'orchestre de jeunes de l'université de Californie à Los Angeles.

Les cordes
Lorsque l'on joue dans la section des cordes d'un orchestre (violons, altos, violoncelles et contrebasses), on exécute souvent la mélodie principale de l'œuvre que l'on présente.

Jouer à l'école
Certains établissements scolaires intègrent la musique à leur programme d'enseignement général et disposent de leur propre orchestre ou groupe d'élèves.

L'ENSEIGNEMENT

En donnant des cours particuliers, les professeurs ont souvent l'occasion de faire jouer leurs élèves pour la première fois avec un autre instrumentiste ; c'est une bonne transition entre le jeu en solo et le fait d'appartenir à un ensemble. Pour apprendre à jouer d'un instrument, il existe toutes sortes de possibilités : de la méthode à suivre seul chez soi aux cours au sein d'un conservatoire. Tout est affaire de passion et de travail dans tous les cas !

QUELQUES SITES INTERNET

- Cité de la musique. Visite virtuelle du musée de la musique. Informations générales sur la musique. www.cite-musique.fr/francais/index.htm
- Découverte des instruments de musique du Moyen Âge http://www.instrumentsmedievaux.org/
- Un site général pour découvrir les grands compositeurs de musique classique : http://www.artsalive.ca/fr/mus/greatcomposers/
- Présentation de l'orchestre symphonique classique : http://tecfa.unige.ch/etu/LME/9899/leresche-vader/orchestre_classique.htm
- Site général en anglais sur la musique classique proposant des informations historiques et biographiques (avec des extraits sonores), ainsi qu'un glossaire http://w3.rz-berlin.mpg.de/cmp/classmus.html
- Le « Mozart Project », site en anglais, fouillé et clair, traitant de la vie, de l'époque et de la musique de Wolfgang Amadeus Mozart. www.mozartproject.org

Georg Friedrich Haendel

LE ROCK AND ROLL HALL OF FAME

Le Rock and Roll Hall of Fame and Museum, à Cleveland (États-Unis), a été conçu par l'architecte sino-américain I. M. Pei, qui a également créé la pyramide du Louvre. Imaginé pour refléter l'énergie propre au rock and roll, il se situe sur une immense place servant de lieu de rassemblement et de scène extérieure.

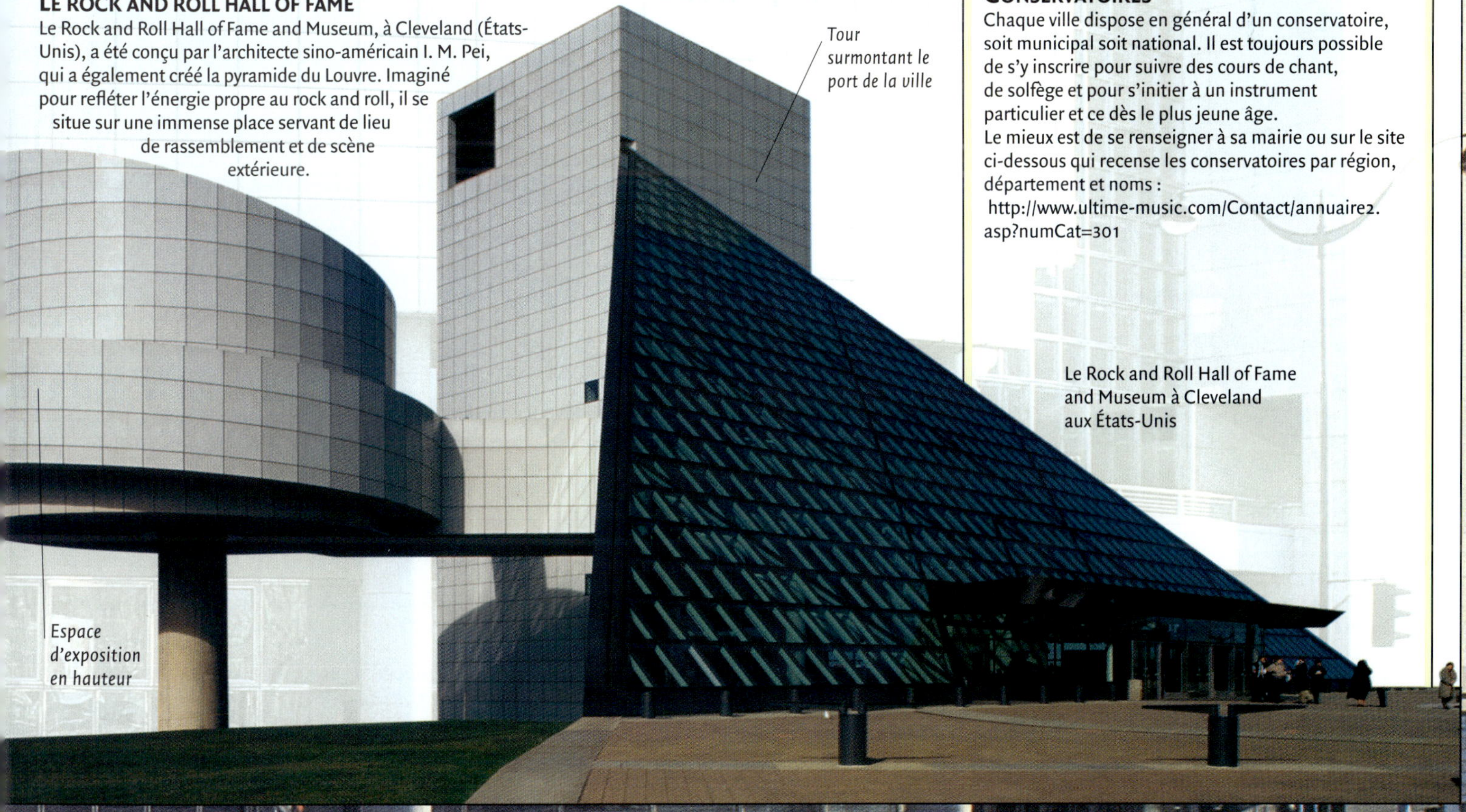

Tour surmontant le port de la ville

Espace d'exposition en hauteur

Le Rock and Roll Hall of Fame and Museum à Cleveland aux États-Unis

DES LIEUX À VISITER

LA CITÉ DE LA MUSIQUE

Située au nord-est de Paris, dans le parc de la Villette, la Cité de la musique a été inaugurée en janvier 1995, elle est une invitation à la découverte de la musique et de ses multiples aspects. Lieu d'enseignement (activités pédagogiques pour les adultes et le jeune public) et de pratique musicale, d'information et de découverte du patrimoine, la Cité de la musique s'adresse à tous les publics.
221, avenue Jean-Jaurès
75019 Paris
Tél. : 01 44 84 45 45

MUSÉE DE LA MUSIQUE MÉCANIQUE DES GETS

Plus de 300 instruments, de la boîte à musique à l'orgue de danse.
74260 Les Gets
Tél. : 04 50 79 85 75

PALAIS GARNIER ET OPÉRA-BASTILLE, PARIS

Les opéras de Paris sont ouverts à la visite en dehors des concerts ou des représentations (réservation au 01 40 01 25 17 pour Garnier et au 01 40 01 19 70 pour Bastille). De nombreuses salles de concert peuvent ainsi être visitées. Le mieux est encore d'associer la visite à l'écoute d'un concert.
www.opera-de-paris.fr/

MASTERCLASS EN MUSIQUE ANCIENNE

Le site Internet Goldberg, spécialisé dans la musique ancienne, recense les masterclasses de sa spécialité : http://www.goldbergweb.com/fr/trainning/

MUSICA LINGUAE

Association qui organise des séjours de vacances musicales en France et à l'étranger pour les jeunes de 6 à 19 ans.
musica-linguae.virtualave.net/

CONSERVATOIRES

Chaque ville dispose en général d'un conservatoire, soit municipal soit national. Il est toujours possible de s'y inscrire pour suivre des cours de chant, de solfège et pour s'initier à un instrument particulier et ce dès le plus jeune âge.
Le mieux est de se renseigner à sa mairie ou sur le site ci-dessous qui recense les conservatoires par région, département et noms :
http://www.ultime-music.com/Contact/annuaire2.asp?numCat=301

GLOSSAIRE

ACCENT Fait de marquer ou d'accentuer une note ou un accord.

ACCORD Groupe de notes combinées suivant un système donné et généralement jouées en même temps.

ADAGIO Selon un tempo lent; passage musical exécuté de cette manière.

ALLEGRO Selon un tempo rapide, joyeux; passage musical exécuté de cette manière. *Allegretto* signifie d'une manière assez vive; passage musical exécuté de cette manière.

ALTÉRATION Symbole utilisé pour augmenter ou diminuer la hauteur d'une note (voir aussi Hauteur).

ANDANTE Selon un tempo modérément lent; passage musical exécuté de cette manière. *Andantino* signifie pas trop lentement.

ARPÈGE Accord exécuté à la manière d'une harpe, en jouant les notes successivement plutôt qu'en même temps.

La guitare électrique de Gibson Les Paul en 1956

La guitare électrique joue un rôle essentiel dans le rock comme dans le blues.

ATONALE Musique qui n'est pas écrite ou exécutée suivant les règles tonales de l'harmonie (voir aussi Tonalité).

BARRE DE MESURE Barre représentée sur une portée musicale servant à diviser un morceau en unités de temps égales.

BLUES Forme de musique de la communauté noire américaine à l'origine, expressive, mélancolique et rythmée.

CADENCE Conclusion d'une phrase musicale; fin d'un enchaînement d'accords. Également: passage de virtuosité pour un soliste à la fin d'un mouvement musical.

CAPRICCIO Composition vivante, spirituelle et généralement brève.

CARILLON Sonnerie de cloches, composée à partir d'un clocher ou créée sur un clavier; air joué à l'aide de cloches.

CHAMBRE (DE) Musique destinée à être jouée par un petit orchestre dans un lieu de petite dimension; un orchestre de chambre ne comporte qu'un nombre limité de musiciens.

Un carillon est composé de grandes cloches.

CHROMATIQUE Désigne une gamme incluant la totalité des douze notes distantes d'un demi-ton dans une octave (voir aussi Diatonique).

CLEF Symbole placé au début d'une portée indiquant la hauteur et le registre des notes.

CODA Dernière partie, souvent élaborée et distincte, d'un mouvement ou d'un morceau de musique.

CONCERTO Composition musicale, souvent en trois mouvements, pour un ou plusieurs instruments solos et orchestre.

CONTREPOINT Mélodie indépendante, mais superposée à une autre et complémentaire; accompagnement d'une mélodie existante.

CRESCENDO Augmentation progressive du son, ou intensification jusqu'à un point culminant; passage exécuté de cette manière. *Decrescendo* (ou *diminuendo*) signifie une diminution graduelle du son.

DIATONIQUE Désigne les gammes majeures et mineures composées d'une série de sept notes (voir aussi Chromatique).

DISSONANCE Association peu harmonieuse de notes formant un accord discordant (voir aussi Harmonie).

DUO Composition écrite pour deux musiciens; groupe formé par deux musiciens.

ÉLECTRONIQUE Musique produite ou jouée uniquement à l'aide de l'électronique, sans instruments à vent, à cordes, etc.

FANTAISIE Forme musicale libre dont la structure n'est pas rigide.

FINALE Dernier mouvement d'une composition; conclusion d'un mouvement.

FORTE Fort. *Fortissimo* signifie très fort, *triple forte* signifie aussi fort que possible et *mezzoforte* signifie moyennement fort.

FUGUE Pièce musicale construite à partir d'un ou plusieurs sujets qui entrent dans le morceau chacun à leur tour en respectant les règnes du canon.

GLISSANDO Action de passer (ou de faire glisser) un doigt rapidement sur les touches d'un piano ou les cordes d'un instrument à cordes frottées pour faire entendre tous les sons compris entre deux notes.

HARMONIE Combinaison de sons agréables à l'oreille. Règle d'organisation des sons dans un morceau (voir aussi Dissonance).

HAUTEUR Caractéristique d'un son grave ou aigu.

IMITATION Répétition d'une phrase principale dans d'autres parties.

IMPROVISATION Art de jouer d'un instrument d'une manière libre; composition d'un air de musique au fur et à mesure de son exécution.

Le célèbre saxophoniste de jazz Courtney Pine

INSTRUMENTATION Répartition des différentes parties d'un morceau entre les instruments d'un orchestre; arrangement; orchestration.

INTERVALLE Différence de hauteur entre deux notes.

JAZZ Musique américaine, souvent improvisée, aux harmonies et aux rythmes caractéristiques. Apparu au xxe siècle, le jazz s'est inspiré d'un grand nombre de courants folkloriques et propres aux communautés noires.

LEGATO Lié, fondu, sans saccades (par opposition à *Staccato*).

LENTO Lentement.

MÉLODIE Disposition des notes suivant un ordre expressif pour former un air.

MESURE Division régulière du rythme en temps simples ou composés.

MÉTRONOME Instrument indiquant les battements de la mesure à l'aide d'un balancier ou d'un bip électrique.

MODULATION Passage d'une tonalité à une autre.

MOTIF Plus petite unité, ou noyau, d'une mélodie.

NOCTURNE Composition lente, rêveuse pour piano.

NOTATION Représentation des détails d'un air de musique, comme la hauteur, la durée, etc. par des symboles.

OCTAVE Intervalle de huit notes entre une note donnée et la note supérieure ou inférieure du même nom.

OCTUOR Composition écrite pour huit musiciens ; groupe de huit musiciens.

OUVERTURE Introduction instrumentale d'une grande œuvre musicale telle qu'un opéra. L'ouverture jouée dans un concert est une pièce symphonique composée d'un seul mouvement.

PARTITION Ouvrage imprimé comportant l'ensemble des parties d'une composition musicale.

PIANO Doucement. *Pianissimo* signifie très doucement, *pianissimo possible* aussi doucement que possible et *mezzopiano* assez doucement.

PORTÉE Ensemble de lignes parallèles sur ou entre lesquelles les notes sont placées en fonction de leur hauteur.

PRESTO Rapidement. *Prestissimo* : très rapidement.

QUATUOR Composition écrite pour quatre musiciens ; groupe de quatre musiciens.

QUINTETTE Composition écrite pour cinq musiciens ; groupe de cinq musiciens.

REPRISE Répétition d'un passage musical.

ROCK Style de musique populaire dérivé du blues, du jazz et de la country music apparu durant les années 1950 (voir aussi Blues, Jazz).

RONDO Forme musicale avec un refrain et des couplets.

RUBATO Ralentissement expressif, puis accélération d'un tempo musical.

RYTHME Aspect de la musique déterminé par le schéma des accents et la durée des notes.

SCHERZO Forme musicale de rythme ternaire vivante et rapide.

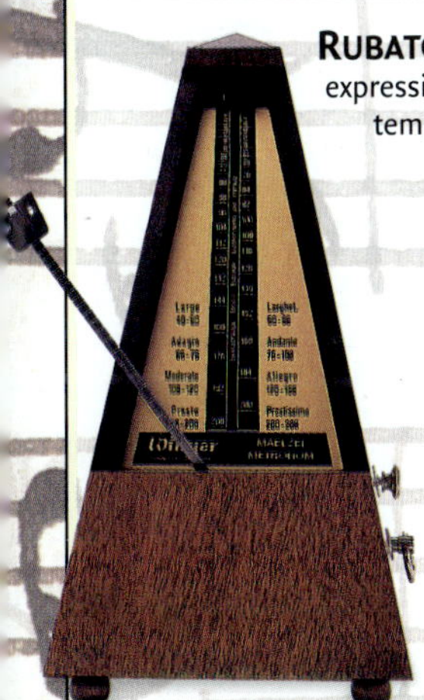

Métronome

SEPTUOR Composition écrite pour sept musiciens ; groupe de sept musiciens.

SEXTUOR Composition écrite pour six musiciens ; groupe de six musiciens.

SONATE Pièce instrumentale comprenant un ou plusieurs mouvements liés, dont le premier est très développé et étendu. La forme sonate décrit une composition dans laquelle deux thèmes musicaux sont exposés, développés et répétés.

STACCATO Saccadé, détaché (opposé à *Legato*).

SUITE Série de danses ou de compositions instrumentales ayant des thèmes identiques ; ensemble de pièces courtes extraites d'une plus longue, comme la *Suite de Casse-Noisette* extraite du ballet *Casse-Noisette*.

SYMPHONIE Composition musicale de la forme sonate écrite pour un orchestre complet, généralement en quatre mouvements.

SYNCOPE Déplacement des accents des temps faibles sur les temps forts.

TEMPO Mesure de temps et de rythme.

THÈME Mélodie repérable pour l'oreille dans un morceau de musique.

TON Hauteur et puissance d'un son musical.

TONALE Caractéristique d'une musique dont les motifs et la cohérence s'appuient sur le système tonal conventionnel (voir aussi Tonalité).

TONALITÉ Ensemble des notes de la gamme prédominante dans un morceau de musique.

TRANSPOSER Changer de tonalité un thème ou une mélodie.

TRIO Composition écrite pour trois musiciens ; groupe de trois musiciens.

VARIATION Répétition d'une mélodie sous une forme différente ou plus élaborée.

Quatuor

DÉFINITION DES STYLES MUSICAUX

BAROQUE Caractérisé par des arrangements et des mélodies très ornés et extravagants, le style baroque domina l'Europe de 1600 environ jusqu'en 1750. Pour la première fois appliqué à un style musical au XIXe siècle, ce terme provient du portugais *barroco*, qui signifie perle irrégulière ; à l'origine, il évoquait quelque chose de déformé, d'anormal, mais ce n'est plus le cas.

CLASSICISME La période classique (de 1750 environ à 1820), qui vient s'opposer à l'exubérance baroque, se définit par l'équilibre, la rationalité et l'attachement à la forme. Son nom se réfère au classicisme antique, que l'on venait de redécouvrir à Pompéi et à Herculanum.

IMPRESSIONNISME Style de la fin du XIXe siècle, qui développe le concept de musique à programme en exprimant l'atmosphère ou l'ambiance pure d'un thème plutôt que son aspect littéral ou narratif, comme dans *La Mer* de Debussy.

MUSIQUE À PROGRAMME Ce terme s'applique à un air de musique composé à partir d'une inspiration spécifique, qui se reflète dans son titre et sa structure. La *Symphonie pastorale* de Beethoven est une musique à programme.

ROMANTISME Se résumant à la phrase du poète Goethe « la sensation est essentielle », le mouvement romantique domina le XIXe siècle. Il naquit à la fois de la révolution sociale et du besoin de sortir du carcan classique.

SÉRIALISME Système de composition révolutionnaire basé sur douze notes (dodécaphonisme), développé par Arnold Schönberg pour établir une transition entre la musique tonale conventionnelle et la forme atonale, dénuée de toute règle.

INDEX

NOTES

L'auteur et Dorling Kindersley tiennent à remercier : Horniman Museum, Londres, ainsi que Frances Palmer et l'équipe du département de Musicologie; Pitt Rivers Museum, Univeristy of Oxford; Hélène La Rue et l'équipe du département d'Ethnomusicologie; Phelps Ltd, Londres, Rachel Douglas et Gerry McKensie; Hill Norman an Beard Ltd, Thaxted, ainsi que Andrew Rae et Richard Webb; Bill Lewington Ltd, Londres; Booset and Hawkes Ltd, Londres; Empire Drums and percussion, Ltd, Londres; Simons Electric Percussion Ltd, Londres; Vintage and Rare Guitars Ltd, Londres; John Clark; Adam Glasser; Malcom Healey; Chris Cross; John Walters pour le prêt de matériel : Tim Hammond pour son aide éditoriale; Lynn Bresler, Jonathan Buckley; Tetra Designs pour la maquette des modèles photographiés pp. 6-7; Eric Clermontel pour ses conseils. Ont collaboré à cet ouvrage : François Cazenave, Jacques Marziou et Marc Simon.

Illustrations : Coral Mura, Will Giles et Sandra Pond
Recherche iconographique : Milly Trowbridge

ICONOGRAPHIE

h = haut, b = bas, d = droite, g = gauche, m = milieu

J. Allan Cash Ltd 19h, 24m, 50d, 51g, 56b; E. T. Archives 8hg; Barnaby's Picture library 13bd, 17hd; Bridgeman Art Library 12hg, 16b, 21mg, 26b, 29d, 30h, 30m, 35hd, 36hd, 40m, 50b; Douglas Dickens 55m; Mary Evans Picture Library 6d, 10hg, 11hd, 11m, 15hd, 18m, 19b, 20hd, 22hg, 24b, 26h, 29h, 34hd, 36hg, 37b, 38g, 46m, 46b, 50hg, 50m, 54hg, 54m, 57m; Fine Art Photographic Library Ltd 6md, 22hd, 36bg, 42h; John R. Freeman 29b; Sonia Halliday Photographs 18h, 36b; Robert Harding Associates 6bg, 39h, 41h; Michael Holford 8hd, 28 hg, 36m, 37m; Hutchinson Library 42d, 38m; Image Bank 6hd, 53h; London Features International Ltd 59d, 61hg, 62; Mansell Collection 16hg, 17m, 20b, 21md, 24h, 44g; John Massey Steward 28md, 37hd; National Gallery 44g; David Redfem 23m, 52g, 60m, 61hd; Sefion Photo Library 14m, 13bd, 22g; Thames and Hudson Ltd 46h; Topexpress 48bg pp. 64 à 71: D. R.

COMITÉ ÉDITORIAL
Londres : Carole Ash, Vicky Davenport, Jane Elliot, Janice Lacock et Jane Owen
Paris : Christine Baker
Édition préparée par Philippe Rouillé, expert en musicologie (Musée d'IMM, Paris)
Conseiller : Josiane Bran-Ricci, Conservateur du Musée instrumental du Conservatoire national supérieur de Musique de Paris.
Maquette de couverture : Marguerite Courtieu
PAO : Olivier Brunot
Correction : Lorène Bücher et Eliane Rizo
Suivi éditrorial : Eric Pierrat
Site Internet associé : Bénédicte Nambotin, Françoise Favez, Victor Dillinger et Eric Duport.